先生は
教えてくれない！

クレヨンしんちゃんの

友だちづきあいに大切なこと

キャラクター原作　臼井儀人
まんが　高田ミレイ

双葉社

お父《とう》さん、お母《かあ》さんへ

お子《こ》さんといっしょに楽《たの》しんでください。

本書《ほんしょ》は、小学生《しょうがくせい》や小学校《しょうがっこう》に上《あ》がる前《まえ》の児童《じどう》を対象《たいしょう》に、いま身《み》につけておきたい大切《たいせつ》な事柄《ことがら》を、クレヨンしんちゃんのまんがを通《とお》して学《まな》んでいくものです。学校《がっこう》の先生《せんせい》も教《おし》えてくれない、もちろん教科《きょうか》書《しょ》にも載《の》っていないことを、このまんがを読《よ》むことで自然《しぜん》に習得《しゅうとく》していきます。

今回《こんかい》のテーマは「友《とも》だちづきあい」。

友《とも》だちともっと仲良《なかよ》くなるために、知《し》っておきたい基本的《きほんてき》なものばかりです。

子《こ》どもは、親《おや》の教育《きょういく》のみで育《そだ》つのではありません。子《こ》どもは子《こ》ども同士《どうし》、友《とも》だちとの関係《かんけい》のなかでさまざまなことを学《まな》び、育《そだ》っていくのです。

そのため、子《こ》ども時代《じだい》の友《とも》だちとのつきあい方《かた》は、その後《あと》の成長《せいちょう》に大《おお》きな影響《えいきょう》を与《あた》えます。

「自分《じぶん》で考《かんが》えることを学《まな》ぶ」「良《よ》いことと悪《わる》いことの区別《くべつ》がわかる」「他人《たにん》への思《おも》いやり」「折《お》れない心《こころ》をつくる」「キレない心《こころ》をつくる」など、幼少期《ようしょうき》からの教育《きょういく》に欠《か》かせない項目《こうもく》も盛《も》り込《こ》んでいます。

このクレヨンしんちゃんのまんがを親子《おやこ》で楽《たの》しみながら読《よ》んで、お子《こ》さんといっしょにお友《とも》だちについて話《はな》し合《あ》ってみてください。

紹介《しょうかい》

野原一家《のはらいっか》

野原《のはら》しんのすけ

「クレヨンしんちゃん」の主人公《しゅじんこう》。マイペースで怖《こわ》いもの知《し》らずの5歳児《さいじ》。家族《かぞく》といっしょに埼《さい》玉県春日部市《たまけんかすかべし》に暮《く》らしている。

野原《のはら》ひろし

しんのすけのパパ。双葉商事《ふたばしょうじ》に勤務《きんむ》するサラリーマン。家族《かぞく》のためにいつも一《いっ》生懸命《しょうけんめい》な野原家《のはらけ》の大黒柱《だいこくばしら》。

野原《のはら》みさえ

しんのすけのママ。しんのすけとひまわりに振《ふ》り回《まわ》されながらも、持《も》ち前《まえ》のガッツで子育《こそだ》てをがんばるお母《かあ》さん。

野原《のはら》ひまわり

しんのすけの妹《いもうと》。まだおしゃべりはできないけど、赤《あか》ちゃん言葉《ことば》でせいいっぱい自己主張《じこしゅちょう》する。

シロ

野原家《のはらけ》の愛犬《あいけん》。綿菓子《わたがし》のように丸《まる》くなる「わたあめ」など芸《げい》もいろいろできる、とてもかしこい犬《いぬ》。

キャラクター

しんちゃんのお友《とも》だち

しんちゃんと同《おな》じアクション幼稚園《ようちえん》ひまわり組《ぐみ》に通《かよ》うお友《とも》だち。

マサオくん

小心者《しょうしんもの》で、ちょっぴり泣《な》き虫《むし》。マンガ家《か》になる夢《ゆめ》を大事《だいじ》に持《も》ち続《つづ》けるという、努力家《どりょくか》の一《いち》面《めん》もある。

ネネちゃん

うわさ話《ばなし》とおままごと遊《あそ》びが大好《だいす》きな女《おんな》の子《こ》。でも本当《ほんとう》は正義感《せいぎかん》が強《つよ》く、度胸《どきょう》もある親分《おやぶん》タイプ。

風間《かざま》くん

頼《たよ》りになる優等生《ゆうとうせい》タイプだけど、じつは甘《あま》えっ子《こ》でママが大好《だいす》き。隠《かく》しているけど、少女《しょうじょ》アニメのファン。

あいちゃん

お金持《かねも》ちの酢乙女《すおとめ》家《け》のおじょうさま。男子《だんし》の気持《きも》ちをつかむのがうまい。ネネちゃんと対立《たいりつ》することも。

ボーちゃん

口数《くちかず》は少《すく》ないけど、たまに深《ふか》いひと言《こと》をつぶやく存在感《そんざいかん》のあるお友《とも》だち。珍《めずら》しい石《いし》を集《あつ》めるのが趣味《しゅみ》。

もくじ

友《とも》だち基本《きほん》ルール

会話《かいわ》のルール

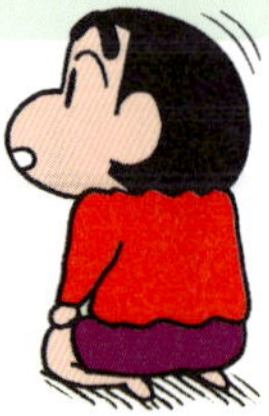

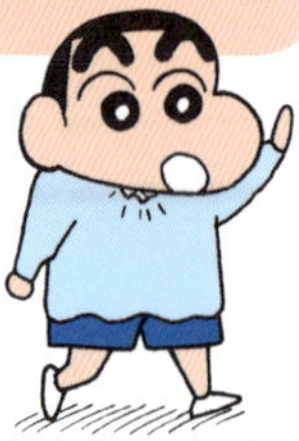

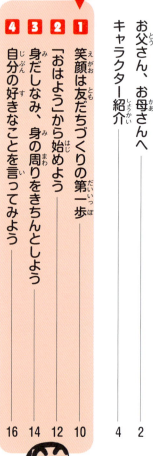

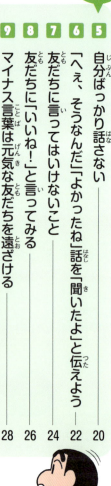

ケンカしたとき

友《とも》だちの家《いえ》でのルール

こんなとき どうしたら？

学校《がっこう》生活《せいかつ》のルール

友《とも》だちってなんだろう

1 笑顔《えがお》は友《とも》だちづくりの第一歩《だいいっぽ》

「たくさん友《とも》だちがほしいな」
「あの子《こ》と友《とも》だちになりたいな」
「もっと仲《なか》よくなりたいな」

友《とも》だちがほしいときに、いちばん最《さい》初《しょ》にやるべきことは何《なん》だろう？

それは、下《した》を向《む》いていないで、きみの笑顔《えがお》を見《み》せること。

こわい顔《かお》や、悲《かな》しい顔《かお》を見《み》せていたら、友《とも》だちはできないよ。

勇気《ゆうき》を出《だ》して、顔《かお》を上《あ》げてみて。

にこっとしているだけで、きみの周《まわ》りが楽《たの》しい空気《くうき》になる。いつのまにか人《ひと》が集《あつ》まってくる。

人間《にんげん》って、自分以外《じぶんいがい》の人《ひと》の心《こころ》はなかなかわからない。だから、心《こころ》を表現《ひょうげん》する顔《かお》の表情《ひょうじょう》はとっても大事《だいじ》。

だいじょうぶ、笑顔《えがお》はだれでも作《つく》れるようになる。毎日練習《まいにちれんしゅう》してみよう。

笑顔《えがお》は友《とも》だちづくりのための、第一歩《だいいっぽ》だよ。

笑顔《えがお》

先生《せんせい》に「もっと笑《わら》おう」って言《い》われた……
こまった……
ボーちゃんだいじょうぶ 笑《わら》いかたを教《おし》えてあげる！
ワッハッハッハッハッ……
ワ…ワッハッハッハッハ
おねいさ〜ん はるさめとマロニー どっちが好《す》き〜？
む…むずかしい
え へ〜
変《へん》な子《こ》……
あ…いい石《いし》
それだ!! いい笑顔《えがお》!!

ムサオくん

ばら組《ぐみ》のムサオくんてちょっとこわいよね……
いつもムスッとしてるしね
えー？そう!?
クールでかっこいいよね〜！
ええっ!?
ねえ ムサオくん ケツ顔《がお》マン！
ぶっ
ヤダ〜!! あんなネタで笑《わら》ってる
ガッカリ〜!!
よかった…友《とも》だちになれそう
……女《おんな》って

「おはよう」から始《はじ》めよう

朝《あさ》、友《とも》だちに「おはよう！」と元気《げんき》に言《い》えたかな？　友《とも》だちも「おはよう！」と返《かえ》してくれた？

めんどうくさい、照《て》れくさいからといって、ぼそぼそ小《ちい》さい声《こえ》ですませるのは、かっこわるい。

大《おお》きな声《こえ》の「おはよう」は、友《とも》だちとの関係《かんけい》を確認《かくにん》し合《あ》う大事《だいじ》な習慣《しゅうかん》。「わたしは元気《げんき》」「ぼくも元気《げんき》」とお互《たが》いの元気《げんき》を確認《かくにん》できる。よし、今日《きょう》もいっしょにはりきって行《い》こう！　と元気《げんき》が倍《ばい》になる。

もちろん、友《とも》だち同士《どうし》なら「オッス！」「おはー！」でもいいよ。

昨日《きのう》ちょっとケンカをしても、「おはよう！」と元気《げんき》に言《い》おう。そのひと言《こと》で、あっという間《ま》に仲直《なかなお》りできたりするんだ。

友《とも》だちを見《み》つけたら、自分《じぶん》から、大《おお》きな声《こえ》で「おはよう！」と言《い》おう。

あいさつ

おやすみ〜
ぼ〜〜
……じゃなくて「おはよう」でしょ！
食《た》べ終《お》わったらなんて言《い》うの？
今朝《けさ》のみそ汁《しる》は味《あじ》つけがちょっと
げぷ
「ごちそうさま」でしょ!!
ただいま〜！
「いってきます」でしょ!!
「よしなが先生《せんせい》おはようございます」でしょ!!
よっみどりー
毎朝《まいあさ》たいへんそう……

絶交《ぜっこう》

よ
えっ
昨日《きのう》あんなに大《おお》ゲンカしたのに……
おまえなんかとは絶交《ぜっこう》だ!!
オラだって!!
ぷいっ
ぷいっ
しんのすけって意外《いがい》と大人《おとな》なんだな……
おはよう！しんのすけ
あっそうだ！ゼッコーしたんだっけ
ぷいーっ
なんだそりゃ!!

3 身《み》だしなみ、身《み》の回《まわ》りをきちんとしよう

歯《は》は毎日《まいにち》みがく。髪《かみ》も清潔《せいけつ》に。

つめは短《みじか》く切《き》ろう。

トイレに行《い》ったら手《て》を洗《あら》う。

清潔《せいけつ》な服《ふく》を着《き》て、くつのかかとをふまずにきちんとはこう。

それから、かばんの中《なか》やつくえの中《なか》も整理整《せいりせい》とん。ぬいだ服《ふく》はたたんでおこう。

「身《み》だしなみ」は友《とも》だちへの礼儀《れいぎ》。身《み》の回《まわ》りをきちんとしていると、友《とも》だちに好《す》かれるし、信頼《しんらい》されるんだ。

清潔《せいけつ》にしていれば病気《びょうき》にかかりにくくなるし、整理整《せいりせい》とんは忘《わす》れものや事《じ》故《こ》を防《ふせ》ぐ。身《み》だしなみをよくしていると、周《まわ》りの人《ひと》にとてもいい印象《いんしょう》を与《あた》えることができるんだ。

なにより、きちんとすると、自分自《じぶんじ》身《しん》が気持《きも》ちいい！　自信《じしん》を持《も》って行動《こうどう》できるようになるよ。

めんどうだけど、毎日続《まいにちつづ》けてみよう。

親《おや》の顔《かお》

かたづけ

自分《じぶん》の好《す》きなことを言《い》ってみよう

新《あたら》しいクラスでの自己紹介《じこしょうかい》、うまくできるかな。みんなの前《まえ》で話《はな》すのが苦《にが》手《て》なら、自分《じぶん》の好《す》きなこと、自分《じぶん》のよいところ、しっかり言葉《ことば》で言《い》えるように練習《れんしゅう》してみよう。

①自分《じぶん》の名前《なまえ》
②自分《じぶん》の好《す》きなこと、得意《とくい》なこと
③自分《じぶん》のよいところ、がんばっていること

これだけをはきはき言《い》えたらだいじょうぶ。紙《かみ》に書《か》いてから、何度《なんど》も言《い》ってみて、覚《おぼ》えてしまおう。

自分《じぶん》の好《す》きなことをはっきり言《い》えると、友《とも》だちもつくりやすくなるんだ。「アイドルの○○○が好《す》きです。スイミングをがんばっています」

これだけでもいい。

「わたしも○○○が好《す》き！」
「わたしもスイミング習《なら》っているよ」

という友《とも》だちがすぐ見《み》つかるよ。

マリーちゃんショー

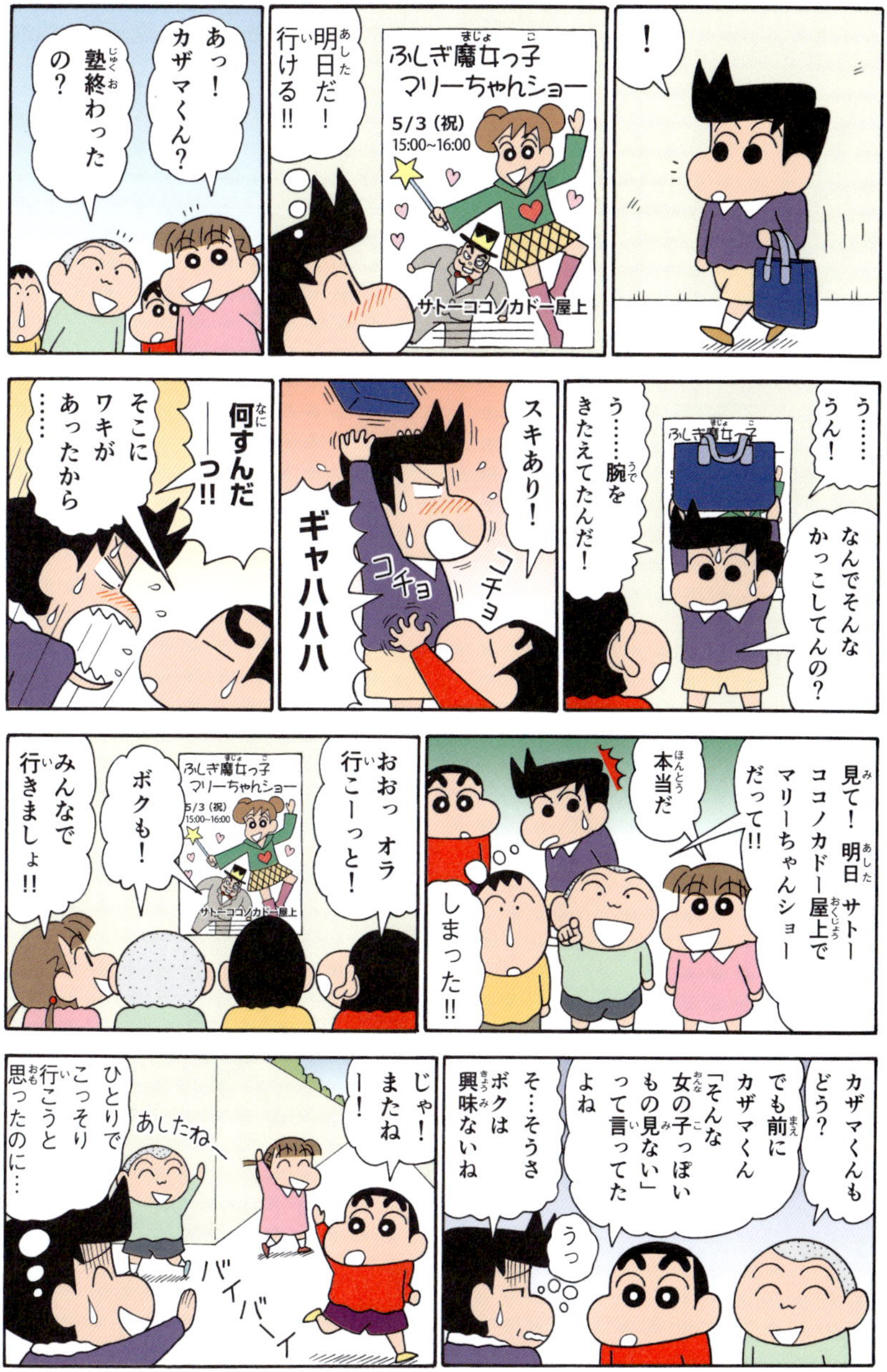

←つづく

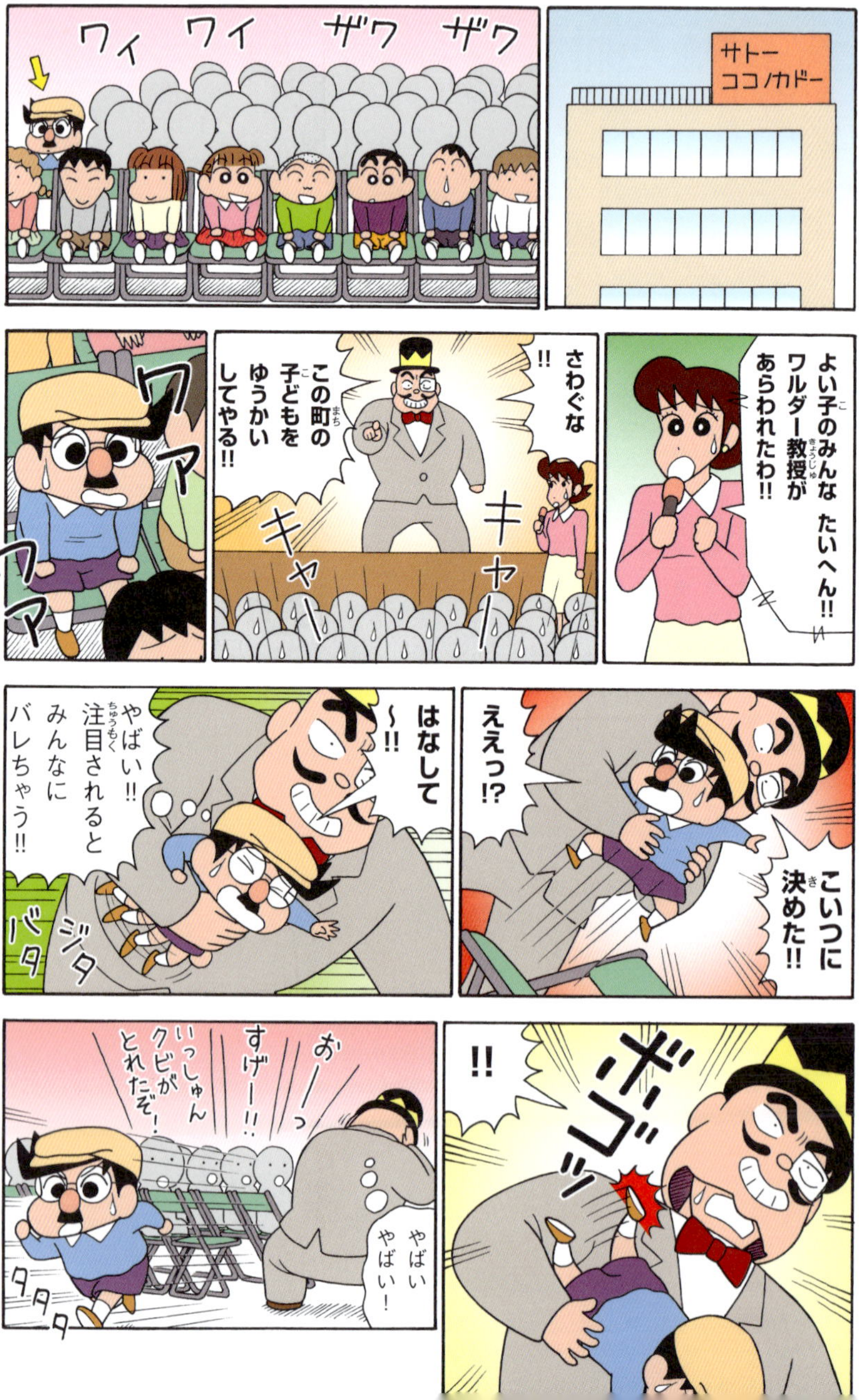
サトー
ココノカドー
ワイ ワイ ザワ ザワ
よい子《こ》のみんな たいへん!!
ワルダー教授《きょうじゅ》が あらわれたわ!!
さわぐな!!
この町《まち》の子《こ》どもを ゆうかいしてやる!!
キャー
キャー
ワァ
ワァ
ええっ!?
こいつに決《き》めた!!
はなして～!!
やばい!! 注目《ちゅうもく》されると みんなにバレちゃう!!
ジタ
バタ
!!
ボゴッ
おー!っ
すげー!!
いっしゅん クビが とれたぞ!
やばい やばい!
タタタ

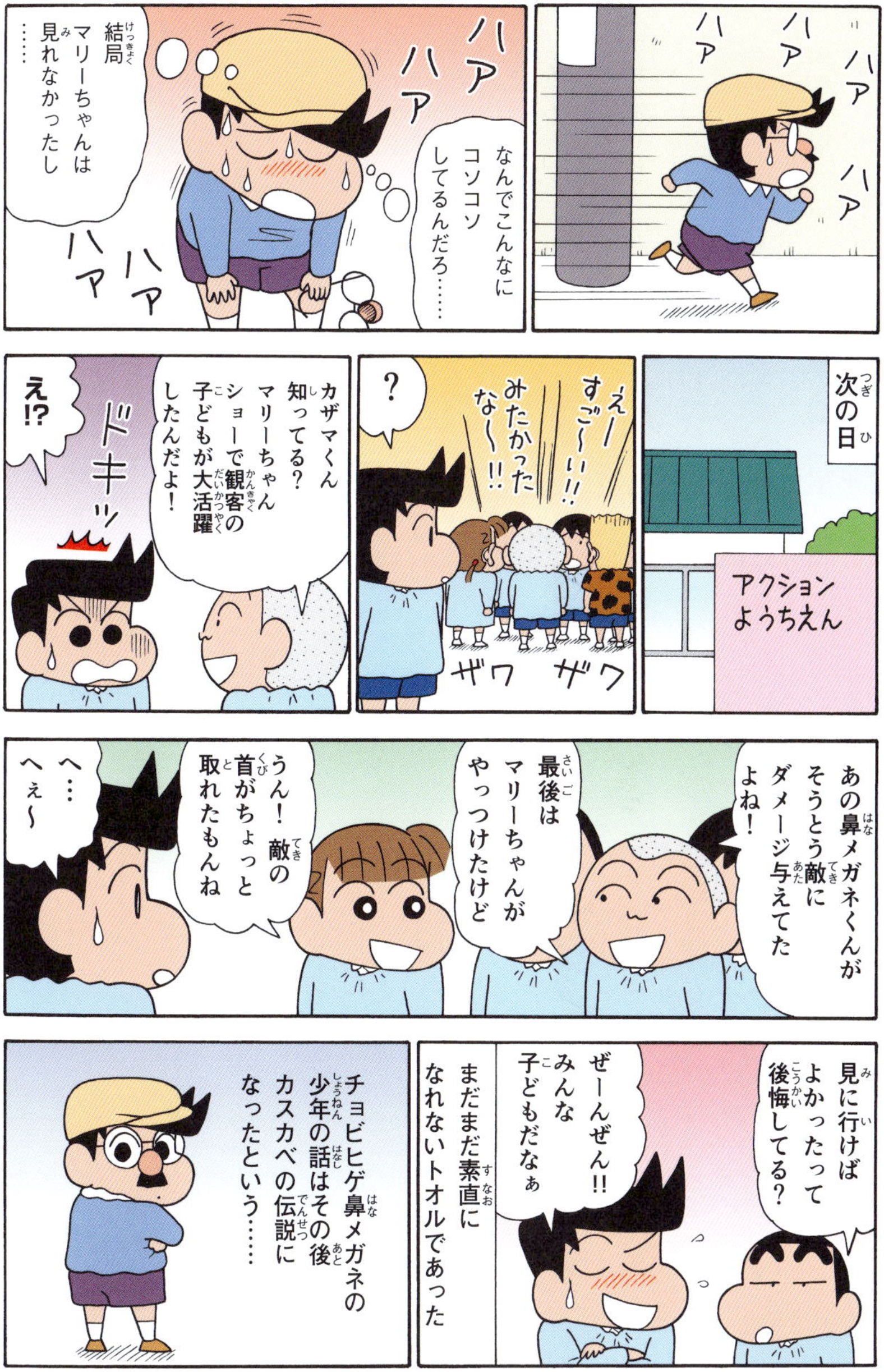
ハア
ハア
ハア
ハア
ハア
ハア
なんでこんなにコソコソしてるんだろ……
結局《けっきょく》マリーちゃんは見《み》れなかったし……
ハア
ハア
次《つぎ》の日《ひ》
アクションようちえん
えーすごーい!!
みたかったなー!!
?
ザワ ザワ
カザマくん知《し》ってる? マリーちゃんショーで観客《かんきゃく》の子《こ》どもが大活躍《だいかつやく》したんだよ!
ドキッ
え!?
あの鼻《はな》メガネくんがそうとう敵《てき》にダメージ与《あた》えてたよね!
最後《さいご》はマリーちゃんがやっつけたけど
うん! 敵《てき》の首《くび》がちょっと取《と》れたもんね
へ…へぇ〜
見《み》に行《い》けばよかったって後悔《こうかい》してる?
ぜーんぜん!! みんな子《こ》どもだなぁ
まだまだ素直《すなお》になれないトオルであった
チョビヒゲ鼻《はな》メガネの少年《しょうねん》の話《はなし》はその後《あと》カスカベの伝説《でんせつ》になったという……

自分《じぶん》ばっかり話《はな》さない

友《とも》だちに自分《じぶん》の話《はなし》を聞《き》いてもらうのは楽《たの》しいよね。聞《き》いてもらうだけじゃなく、きみも、友《とも》だちの話《はなし》を聞《き》いているかな？

相手《あいて》の話《はなし》も聞《き》かないと、「会話《かいわ》」にはならないよ。順番《じゅんばん》に話《はな》すから、会話《かいわ》は楽《たの》しいんだ。

自分《じぶん》ばかり話《はな》しているかもと気《き》づいたら、途中《とちゅう》で「○○ちゃんは？」と相《あい》手《て》にも話《はな》してもらうようにしよう。

あんまり興味《きょうみ》がない話《はなし》でも、最初《さいしょ》のうちは少《すこ》しだけしんぼう。「へぇ、そうなんだ」と耳《みみ》をかたむけよう。よく聞《き》くと、とてもおもしろい話《はなし》だったりするよ！

話《はなし》を聞《き》くときは、よそ見《み》したり、別《べつ》なことをしながらはやめよう。ちゃんと友《とも》だちの目《め》を見《み》て聞《き》こう。

会話《かいわ》は聞《き》いたり話《はな》したり、かわりばんこ、がルールだよ。

人《ひと》の話《はなし》

ひまわりの話《はなし》

「へぇ、そうなんだ」「よかったね」話《はなし》を「聞《き》いたよ」と伝《つた》えよう

友《とも》だちの話《はなし》を聞《き》くときには、うなずきやあいづちを入《い》れながら聞《き》こう。これは「ちゃんと聞《き》いているよ」という合図《あいず》。

反対意見《はんたいいけん》を言《い》いたいときにも、話《はなし》の途中《とちゅう》でわりこんだりせず、友《とも》だちの話《はなし》が終《お》わるまで聞《き》く。話《はなし》を聞《き》いたら、

「へぇ、そうなんだ」「よかったね」

「たいへんだったね」

という言葉《ことば》で、「話《はなし》を受《う》け取《と》ったよ」ということを伝《つた》えよう。

会話《かいわ》では「聞《き》いたよ」と相手《あいて》に伝《つた》えることがとっても大事《だいじ》なんだ。

後《あと》から「『○○○』って言《い》ってたね」「このあいだの話《はなし》、おもしろかったね」と、友《とも》だちの話《はなし》を思《おも》い出《だ》して会《かい》話《わ》するのもいいね。

友《とも》だちは、聞《き》いてくれてたんだ、と喜《よろこ》んでくれる。友《とも》だちときみの間《あいだ》に、信頼感《しんらいかん》がうまれるよ。

テレホンカード

話題《わだい》の映画《えいが》

7

友《とも》だちに言《い》ってはいけないこと

友《とも》だちには、「言《い》ってはいけないこと」がある。

背《せ》が低《ひく》いことや、目《め》が悪《わる》いことなど、友《とも》だちが気《き》にしている体《からだ》の特《とく》ちょうのことは、言《い》ってはいけない。

友《とも》だちが苦手《にがて》で困《こま》っていることや、自分《じぶん》は持《も》っているけど友《とも》だちは持《も》っていない物《もの》のことなどは、なるべく話題《わだい》に出《だ》さないようにする。

家族《かぞく》のことや、生《う》まれた場所《ばしょ》、育《そだ》った場所《ばしょ》を悪《わる》く言《い》うことも、相手《あいて》をとても傷《きず》つける。

きみにだって、言《い》われたくないことがあるよね？　だれにだって人《ひと》に言《い》われたくないことがある。

仲《なか》のいい友《とも》だちだからなんでも言《い》っていいなんてことはない。友《とも》だちがいやがる話《はなし》はしない。

言《い》ってはいけないこともあること、覚《おぼ》えておこう。

オラの母《かあ》ちゃん

言《い》っちゃいけない言葉《ことば》

8 友《とも》だちに「いいね！」と言《い》ってみる

なかなか友《とも》だちと仲《なか》よくなれない。

友《とも》だちが増《ふ》えない。

そんな悩《なや》みがあるなら、友《とも》だちのいいところをほめる努力《どりょく》をしてみよう。

「走《はし》るの速《はや》いね」

「そのぼうし、いいね」

おもしろいと思《おも》った友《とも》だちの話《はなし》には、

「へえ！」「いいね」「おもしろいね」

と反応《はんのう》しよう。

友《とも》だちと仲《なか》よくなるには、いいなと思《おも》ったことはどんどん口《くち》に出《だ》すことが大事《だいじ》。


友《とも》だちに「いいね」と言《い》っているうちに、友《とも》だちもきみのいいところを教《おし》えてくれる。どんな友《とも》だちと気《き》が合《あ》うかもわかってくる。自然《しぜん》に友《とも》だちが増《ふ》えていく。

ほめることは相手《あいて》のことを認《みと》めること。同時《どうじ》に、自分《じぶん》が何《なに》を好《す》きかをアピールするチャンスでもあるんだ。

それ、ホメてる？

ホメ上手《じょうず》

9

マイナス言葉《ことば》は元気《げんき》な友《とも》だちを遠《とお》ざける

なんとなくいやな気分《きぶん》になったとき、疲《つか》れたとき、楽《たの》しくないとき。

つまらなそうな態度《たいど》をとって、「疲《つか》れた」「めげる」「ウザイ」

そんな言葉《ことば》をつぶやいていないかな。

こういう言葉《ことば》を、「マイナス言葉《ことば》」っていうんだ。

言《い》っている自分《じぶん》は気《き》がすむかもしれない。本気《ほんき》で言《い》ったのではないかもしれない。でも、マイナス言葉《ことば》を聞《き》かされた人《ひと》は気持《きも》ちがめいるし、やる気《き》を奪《うば》われてしまう。

いつもマイナス言葉《ことば》を使《つか》っていると、元気《げんき》な友《とも》だちを遠《とお》ざけてしまうよ。

それに、マイナス言葉《ことば》は、くせになりやすいから要注意《ようちゅうい》。

疲《つか》れているとき、気分《きぶん》がのらないときはだれにだってある。

でも、友《とも》だちの前《まえ》で、何度《なんど》もマイナス言葉《ことば》を言《い》うのは、やめよう。

サッカー

家《いえ》でゴロゴロ

10 おもしろいことが言《い》えない… 友《とも》だちとの話《はなし》が続《つづ》かない

「自分《じぶん》はしゃべることが苦手《にがて》」「おもしろいことが言《い》えないぼく」そう思《おも》い込《こ》むと、ますます会話《かいわ》に自《じ》信《しん》が持《も》てなくなってしまう。

だまっていると、きみが何《なに》を考《かんが》えているのかわからなくて、相手《あいて》も不安《ふあん》になる。

まずは「教《おし》えて！」「へぇ～」と聞《き》き役《やく》になってみよう。人《ひと》は他人《たにん》の話《はなし》を聞《き》くより、自分《じぶん》の話《はなし》を聞《き》いてもらうほうがうれしいものなんだ。

それに、会話《かいわ》は、役《やく》に立《た》つことや、おもしろいことばかりが大事《だいじ》なわけではないよ。今《いま》の自分《じぶん》の正直《しょうじき》な気持《きも》ちを言《い》うことができれば、それだけでもじゅうぶん！

「これおいしい！」「寒《さむ》いね！」

できるだけ素直《すなお》なきみの気持《きも》ちを伝《つた》えよう。「だよね～！」と話《はなし》が続《つづ》いていくよ。

ばら組《ぐみ》のかすみちゃん

11

いつも意見《いけん》を合《あ》わせてばかりで 自分《じぶん》の気持《きも》ちを言《い》えない

友《とも》だちに自分《じぶん》の意見《いけん》を言《い》える?

自分《じぶん》の意見《いけん》はあるのに、言《い》い出《だ》せないまま友《とも》だちに合《あ》わせてしまって、後悔《こうかい》したことはないかな。

友《とも》だちに合《あ》わせられるってことは、きみに思《おも》いやりがある証拠《しょうこ》。けっして悪《わる》いことじゃない。

でも、言《い》いたいことを言《い》えずにくやんだことがあるなら、勇気《ゆうき》を出《だ》して、少《すこ》しずつ自分《じぶん》の意見《いけん》を言《い》うようにしてみよう。

何《なん》のゲームをするかは友《とも》だちに合《あ》わせるけれど、大好《だいす》きなサッカーをしたいときには、だれも言《い》い出《だ》さなくても自分《じぶん》から言《い》う。

そんなふうに、「これだけは!」という自分《じぶん》とって大事《だいじ》なことには、自分《じぶん》から意見《いけん》を言《い》うように心《こころ》がけてみよう。

だんだん、いろいろな意見《いけん》も言《い》えるようになるよ。

あげパン

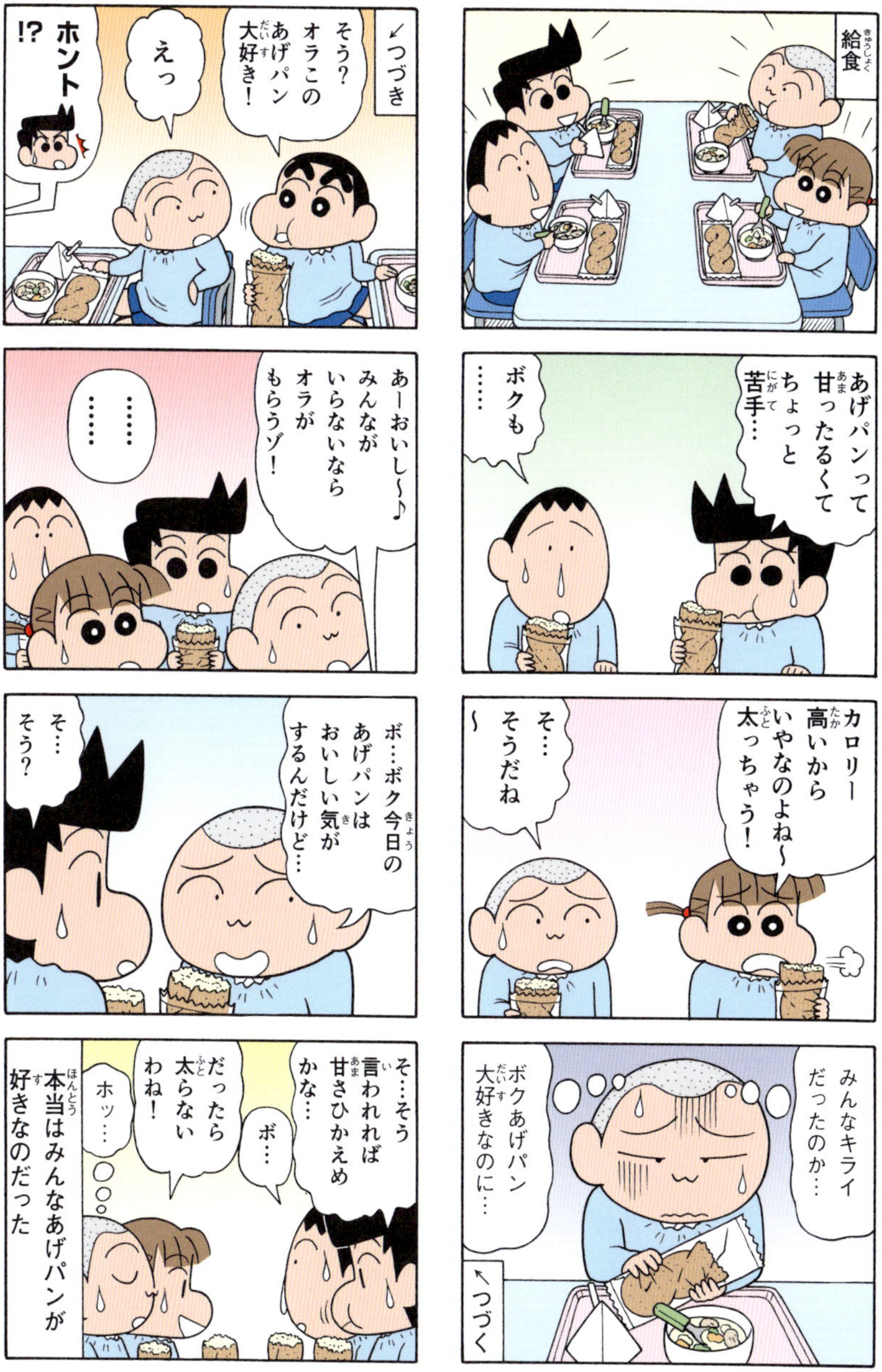
給食《きゅうしょく》
あげパンって甘《あま》ったるくてちょっと苦手《にがて》…
ボクも……
カロリー高《たか》いからいやなのよね～太《ふと》っちゃう！
そ…そうだね～
みんなキライだったのか…
ボクあげパン大好《だいす》きなのに…
↖つづく
↙つづき
そう？オラこのあげパン大好《だいす》き！
えっ
ホント
!?
あーおいし～♪みんながいらないならオラがもらうゾ！
……
……
ボ…ボク今日《きょう》のあげパンはおいしい気《き》がするんだけど…
そ…そう？
そ…そう言《い》われれば甘《あま》さひかえめかな…
ボ…
だったら太《ふと》らないわね！
ホッ…
本当《ほんとう》はみんなあげパンが好《す》きなのだった

12

強引《ごういん》な友《とも》だちにどうしてもダメと言《い》えない

いつも強引《ごういん》で、ちょっと困《こま》ってしまう友《とも》だち、いないかな。

今日《きょう》はダメと言《い》ったのに家《いえ》にやって来《き》たり、すぐに「ちょうだい」と言《い》ったりする友《とも》だち。

そういうお友《とも》だちには、すぐに「いいよ」と返事《へんじ》をしないで、「ちょっと待《ま》って」と言《い》おう。

家《いえ》で遊《あそ》ぶことは、お母《かあ》さんがいいって言《い》うかな？

これはおじいちゃんに買《か》ってもらったばっかりだ。

迷《まよ》ったら、「家《いえ》の人《ひと》に聞《き》いてみるから、待《ま》って」と、返事《へんじ》を待《ま》ってもらおう。

もちろん、お家《うち》の人《ひと》といっしょに断《ことわ》ってもいい。

だいじょうぶ、強引《ごういん》な友《とも》だちは聞《き》いてみているだけなんだ。ダメと言《い》われたって気《き》にしない。きみがダメなときは「ダメ」と言《い》おう。

リアルままごと

野原家《のはらけ》
ピンポーン
ゴロ
ゴロ
しんちゃん今《いま》何《なに》してた？
ゴロゴロする番《ばん》でゴロゴロしてた
じゃあヒマね
いやゴロゴロするのにいそがしい
それをヒマっていうのよ!!
あ
ずか
ずか
しんちゃんの役《やく》はエグザイルのピロね でネネは妻《つま》で女優《じょゆう》の上《うえ》戸《と》アヤヤね
え〜!? またリアルままごと〜!?
だいほん
ねぇあなたァわたしのこと愛《あい》してる？
もちろんさぁ〜アヤヤちゃ〜ん
きりかえはやい
くるくる
愛《あい》してるならハンカチとティッシュ持《も》ってきて買《か》い物《もの》に行《い》くから
愛《あい》してるってめんどくさいゾ

←つづく

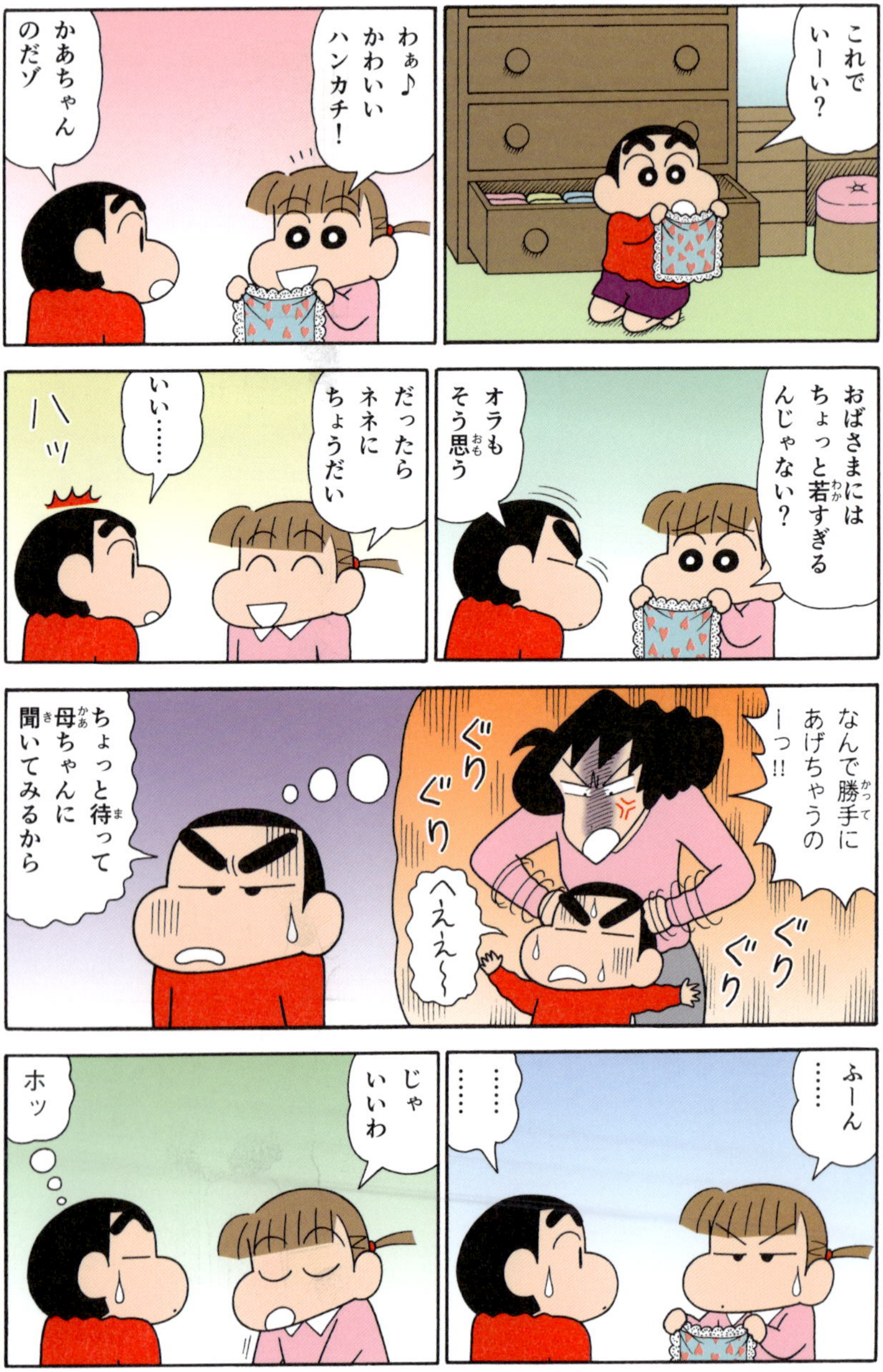

これでいーい?
わぁ♪かわいいハンカチ!
かあちゃんのだゾ
おばさまにはちょっと若《わか》すぎるんじゃない?
オラもそう思《おも》う
だったらネネにちょうだい
いい……
ハッ
なんで勝手《かって》にあげちゃうのーっ!!
ぐりぐり
ぐりぐり
へえぇ~
ちょっと待《ま》って母《かあ》ちゃんに聞《き》いてみるから
ふーん……
……
じゃいいわ
ホッ

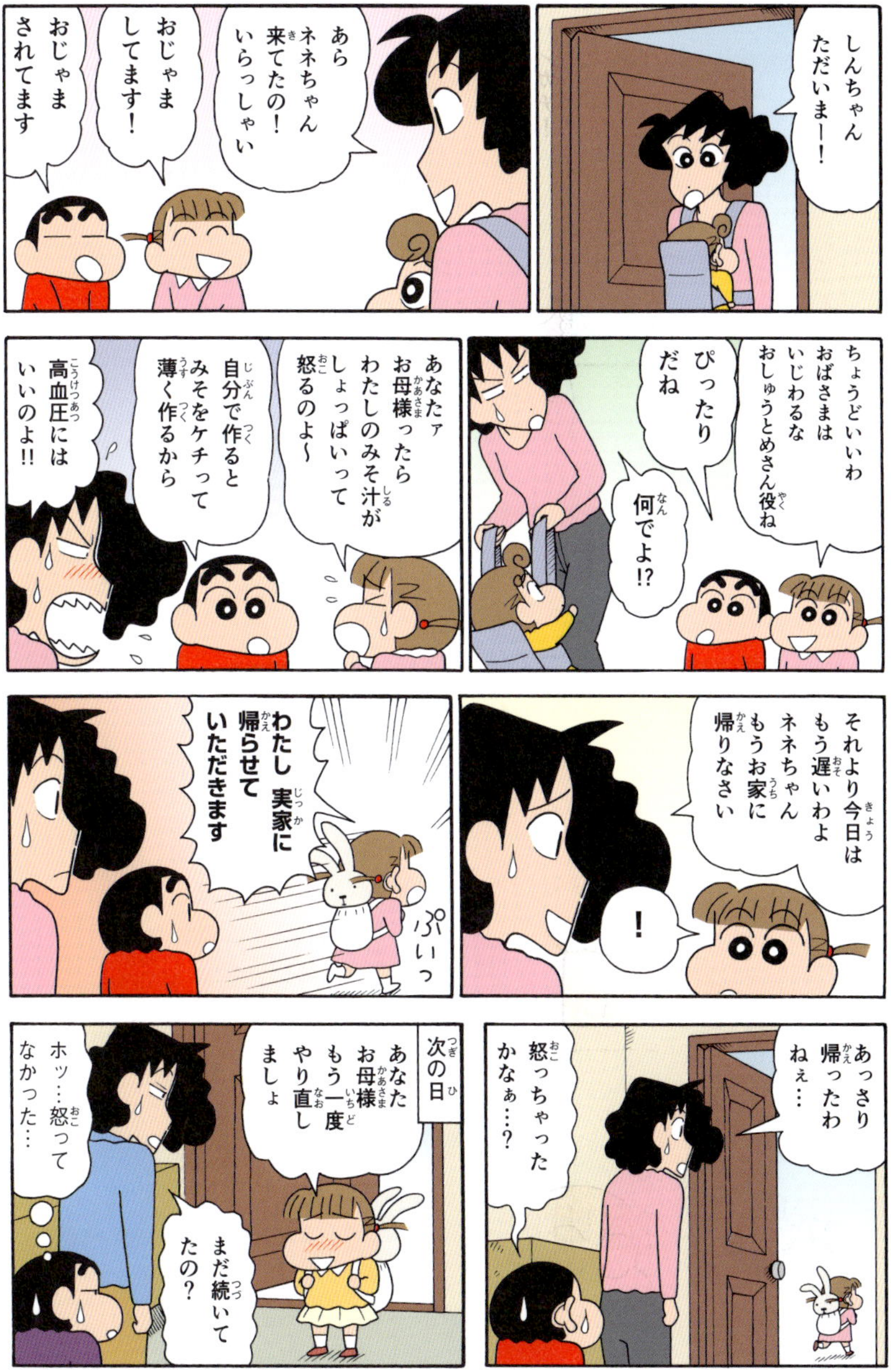
しんちゃん ただいまー！
あら ネネちゃん 来《き》てたの！ いらっしゃい
おじゃましてます！
おじゃまされてます
ちょうどいいわ おばさまは いじわるな おしゅうとめさん役《やく》ね
ぴったりだね
何《なん》でよ!?
あなたァ お母様《かあさま》ったら わたしのみそ汁《しる》が しょっぱいって 怒《おこ》るのよ～
自分《じぶん》で作《つく》ると みそをケチって 薄《うす》く作《つく》るから
高血圧《こうけつあつ》には いいのよ!!
それより今日《きょう》は もう遅《おそ》いわよ ネネちゃん もうお家《うち》に 帰《かえ》りなさい
！
わたし 実家《じっか》に 帰《かえ》らせて いただきます
ぷいっ
あっさり 帰《かえ》ったわ ねぇ…
怒《おこ》っちゃった かなぁ…？
次《つぎ》の日《ひ》
あなた お母様《かあさま》 もう一度《いちど》 やり直《なお》し ましょ
ホッ…怒《おこ》って なかった…
まだ続《つづ》いて たの？

13

陰口《かげぐち》は言《い》わない、広《ひろ》げない

仲《なか》のいい友《とも》だち同士《どうし》で、その場《ば》にいない友《とも》だちの悪口《わるぐち》を言《い》ってはいけない。それは、陰口《かげぐち》と言《い》うんだよ。

陰口《かげぐち》は、その人《ひと》がいないところで、悪口《わるぐち》を言《い》うこと。

陰口《かげぐち》を言《い》うことはいけないこと。とってもひきょうなことなんだ。

だれでも人《ひと》に対《たい》して「いやだな」と思《おも》うことはある。でも、人《ひと》に対《たい》する気《き》持《も》ちは人《ひと》それぞれ。自分《じぶん》だけの思《おも》い込《こ》みが原因《げんいん》のことも多《おお》いんだ。

だから、陰口《かげぐち》は言《い》わない。だれかが言《い》った陰口《かげぐち》を、そのまま信《しん》じない。広《ひろ》めない。

まちがった情報《じょうほう》でも、だれかと共有《きょうゆう》すると、本当《ほんとう》のように思《おも》えてきてしまうことがある。

陰口《かげぐち》を聞《き》いたら「本当《ほんとう》にそうかはわからないよ」と、きみのところでストップさせる勇気《ゆうき》を持《も》とう。

陰口《かげぐち》を言《い》えば

自慢《じまん》の文房具《ぶんぼうぐ》

14 友《とも》だちの前《まえ》でないしょ話《ばなし》をしてはいけない

友《とも》だちふたりが、きみの前《まえ》でないしょ話《ばなし》をしていたら、いやな気《き》持《も》ちになるよね。

こちらを見《み》ながら笑《わら》っていたら……、もしかしたら、自《じ》分《ぶん》の悪《わる》口《ぐち》を言《い》っているかもと不《ふ》安《あん》になる。

ないしょ話《ばなし》って、しているほうは楽《たの》しいけれど、周《まわ》りの人《ひと》はとても不《ふ》愉《ゆ》快《かい》なんだ。

自《じ》分《ぶん》がされたらどう思《おも》う？　悲《かな》しいし、腹《はら》が立《た》つはず。

他《ほか》の人《ひと》に聞《き》かれてはいけない話《はなし》をするときは、最《さい》初《しょ》から他《ほか》の人《ひと》がいないところでするべき。

わざわざ友《とも》だちの前《まえ》でないしょ話《ばなし》をするなんて、意《い》地《じ》悪《わる》でしかないよ。友《とも》だちの前《まえ》では、絶《ぜっ》対《たい》にないしょ話《ばなし》はしない。

これは守《まも》らなければならないマナーだよ。

マナー違反《いはん》

ないしょ話《ばなし》じゃない

15

きみの「おもしろい」が友《とも》だちの「いやな気持《きも》ち」のこともある

友《とも》だちの失敗《しっぱい》がおもしろくて、たくさん笑《わら》ったとき、その友《とも》だちは笑《わら》っていた？

その瞬間《しゅんかん》はおかしくて、友《とも》だちもいっしょに笑《わら》ったかもしれない。でも、みんながいつまでも笑《わら》っていたら、友《とも》だちは怒《おこ》り出《だ》さなかったかな。

みんなにとっては「おもしろい」ことでも、本人《ほんにん》にとっては「いやな気持《きも》ち」のことがある。

友《とも》だちの失敗《しっぱい》、おもしろいあだ名《な》や友《とも》だちの口《くち》ぐせ。遊《あそ》びだから、ウケるからといって、なんでも言《い》っていいわけじゃない。

友《とも》だちがいやがっているのがわかったら、そのことを口《くち》にして笑《わら》うのはやめよう。

いやと言《い》えないまま、友《とも》だちがつらい思《おも》いをしていることもある。気《き》をつけよう。

おなら

昨日《きのう》のこと
おなら したー
アハハ…
ブッ
次《つぎ》の日《ひ》
ねえねえ カザマくん
昨日《きのう》みたいに また おならしてよ
とっても おもしろい 音《おと》だった から
おもしろく ないっ!! もう言《い》うな!!
カザマくんと おなら芸《げい》で コンビを 組《く》みたい だけなのに
プッ
ピッ
ボクのは芸《げい》じゃ ないんだよ!!
しょぼん…

シューチシン

まったく ……!
しんのすけには 羞恥心《しゅうちしん》ってもんが ないのか?
シュー チンチン?
シ・ユ・ー・チ シン!!
恥《は》ずかしい っていう 気持《きも》ちだ!!
あーっ
しんちゃん スモックを 裏返《うらがえ》して 着《き》てるー!
ワッハッハッハ… オラは「スモック 裏返《うらがえ》しマン」だ!!
そうか おまえは そういうやつ だもんな…

友《とも》だちに傷《きず》つけられたら

テストの点数《てんすう》を見《み》られてバカにされた。体育《たいいく》の時間《じかん》に、太《ふと》めの体型《たいけい》をからかわれた。

そんなときには傷《きず》ついて悲《かな》しくなってしまう。

本当《ほんとう》のことだから言《い》い返《かえ》せないし、何度《なんど》も言《い》われた言葉《ことば》を思《おも》い出《だ》して、自《じ》分《ぶん》はダメなんだ、と落《お》ち込《こ》んでしまいがち。

でも、ちょっと待《ま》って。

言《い》ってはいけないことを言《い》っているのは相手《あいて》のほうだよ。

はっきりと、

「そういうこと言《い》うのはやめて」

と言《い》おう。

友《とも》だちがきみをからかうのは、イライラしている自分《じぶん》の気持《きも》ちをごまかすためだったりする。

やめてと言《い》ってもやめてくれなかったら、その子《こ》からはなれよう。

どっちがおかしいの？

シロの特技《とくぎ》

17

友《とも》だちにすぐキレてしまう自分《じぶん》をなんとかしたい

友《とも》だちが言《い》った言葉《ことば》にがまんできず、思《おも》わず手《て》を出《だ》してしまった。

先《さき》に言葉《ことば》でからかってきたのは相手《あいて》。でも、感情《かんじょう》にまかせて乱暴《らんぼう》な態度《たいど》に出《で》てしまったら、自分《じぶん》のほうが、友《とも》だちにケガをさせてしまうかもしれない。

どんなときでも、**暴力《ぼうりょく》はいけない。**キレてしまっていいことは、なにもないんだ。

怒《おこ》らないように気持《きも》ちをコントロールすることはむずかしい。だけど、**怒《いか》りを爆発《ばくはつ》させないようにする**ことはできるはず。

怒《いか》りを感《かん》じたら、**すぐにその場《ば》をはなれよう。**

冷静《れいせい》になれないときは、自分《じぶん》の呼吸《こきゅう》に意識《いしき》を集中《しゅうちゅう》させて、**落《お》ち着《つ》け、落《お》ち着《つ》け、**と言《い》い聞《き》かせよう。

そして、気持《きも》ちがじゅうぶんに落《お》ち着《つ》いてから、相手《あいて》に文句《もんく》を言《い》おう。

深呼吸《しんこきゅう》

おだやか？

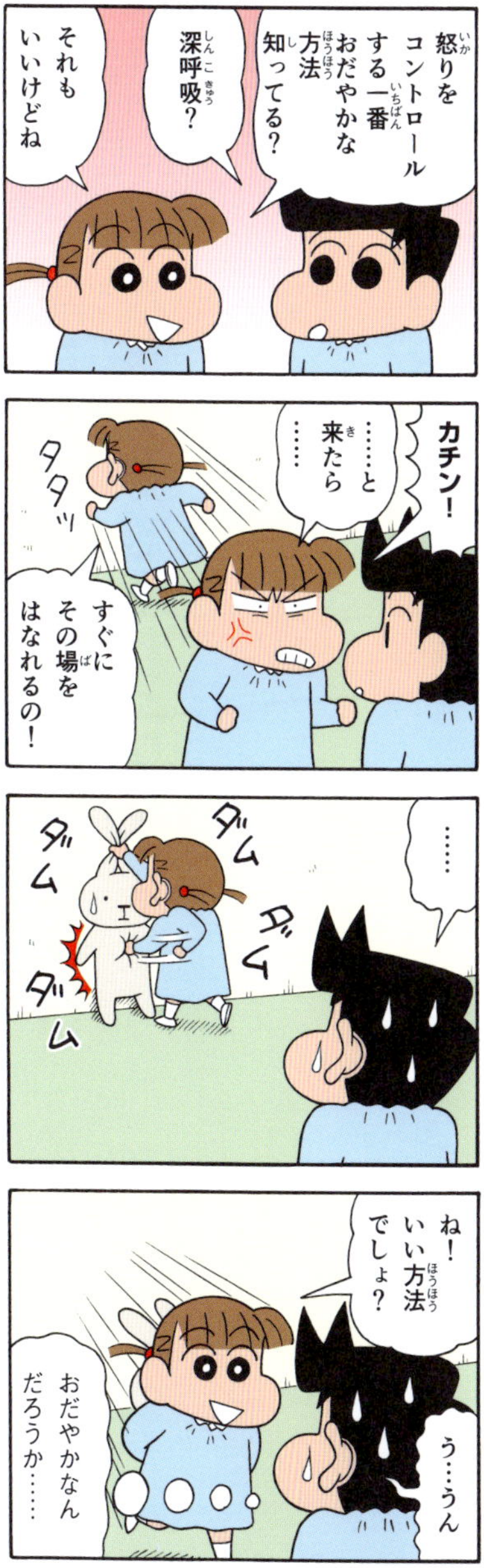

友《とも》だちと言《い》い合《あ》いになったら どうやって終《お》わらせる？

「痛《いた》い！　なにすんだよ、足《あし》けるなよ！」

「おまえが足《あし》出《だ》してるからだろ！」

「あやまれよ、悪《わる》いのはそっちだろ」

足《あし》を出《だ》して座《すわ》っていた男《おとこ》の子《こ》、その足《あし》に引《ひ》っかかってけってしまった男《おとこ》の子《こ》とで、口《くち》ゲンカになってしまった。

そんなとき、この言《い》い合《あ》いを続《つづ》けていても、解決《かいけつ》にはならないんだ。

もし、少《すこ》しでも自分《じぶん》にも悪《わる》い点《てん》があるのなら、相手《あいて》を怒《おこ》る前《まえ》に、「ぼくも足《あし》を出《だ》していて悪《わる》かったけど」と、自分《じぶん》の悪《わる》いところを少《すこ》しだけあやまってしまおう。

「けったけど、わざとじゃないんだ」と相手《あいて》も言《い》ってくれるかもしれない。

相手《あいて》のやったことでなく、自分《じぶん》のやったこと、自分《じぶん》の気持《きも》ちを言《い》おう。

言《い》い合《あ》いをケンカにしないためのコツだよ。

ケンカ

キーーッ
ポカポカ
ポカポカ
ポカポカ…
ふたりとも やめなさーい!!
なるほどね それは どっちもどっちだから お互《たが》いに あやまりなさい
オラ よい子《こ》だから あやまるもーん!
……!
ゴメン くさ〜い ガス くさ〜い カザマくんは 乳《ちち》くさ〜い♪
ムカッ
いたっ!! オラ あやまったのに——!!
どこが だー!!
ポカ ポカ ポカ
やめな さーい!!

あやまる

ガッ
いたっ!
おっとっと!
オイッ
足《あし》を けるな…
よ…
ゴロゴロ
バン
いたた… けって ごめん…
だいじょうぶか?
こっちこそ 足出《あしだ》してて 悪《わる》かった…

ゲームで負《ま》けても怒《おこ》らない

トランプやゲームなどの遊《あそ》び、スポーツには、**「勝《か》ち負《ま》け」**がある。

勝《か》てばいい気分《きぶん》だけど、負《ま》けると、「こんなはずじゃなかったのに」とくやしくなる。すねてしまったり、自分《じぶん》が勝《か》つまで何度《なんど》もゲームをやろうとする人《ひと》もいる。

でもそれは**ルール違反《いはん》、マナー違反《いはん》**だよ。

スポーツ選手《せんしゅ》はゲームをするとき、ルールを守《まも》らずにプレーしたり、マナーがよくなかったりすれば、退場《たいじょう》させられるよね。

遊《あそ》びのゲームだって、同《おな》じだよ。

勝《か》ち負《ま》けが決《き》まったあとは、お互《たが》いのプレーをたたえあって、気持《きも》ちよく握手《あくしゅ》。

負《ま》けず嫌《ぎら》いは悪《わる》いことじゃないけれど、相手《あいて》にぶつけることじゃない。ゲームで負《ま》けても、**笑顔《えがお》で終《お》わろう。**

ジャンケン

ジャンケンポン!!
ジャンケンポン!!
やったぁ!!ボクの勝《か》ち～!!
待《ま》って!!三回勝負《さんかいしょうぶ》三回勝負《さんかいしょうぶ》!!
ジャンケンポン!!
ジャンケンポン!!
よしっ二対一《にたいいち》!!今度《こんど》こそボクの勝《か》ちだね!
やっ……やっぱり五回勝負《ごかいしょうぶ》!!五回勝負《ごかいしょうぶ》!!
↖つづく

↙つづき
ジャンケンポン!!
ジャンケンポン!!
よっしゃ三対二《さんたいに》!!今度《こんど》こそボクの勝《か》ち
まだまだ!!お願《ねが》い!!
え～!?もうダメだよ～!!
オラまだ負《ま》けてないゾ!!
もういいかげんにしろよ!!
ぬ～
わーい♪
最後《さいご》の一切《ひとき》れはマサオくんのだよ!

怒《おこ》っている友《とも》だちに許《ゆる》してもらいたい

約束《やくそく》をやぶってしまい、友《とも》だちを怒《おこ》らせてしまった……。

「ごめんね」とあやまったのに、友《とも》だちは許《ゆる》してくれない。

そんなときは、もう友《とも》だちには戻《もど》れないかもしれない、とあきらめてしまいそうになる。

大事《だいじ》な友《とも》だちなら、一度《いちど》あやまって許《ゆる》してもらえなかっただけであきらめてはダメだよ。

悪《わる》いのが自分《じぶん》なら何度《なんど》もあやまろう。

どうしても友《とも》だちが許《ゆる》してくれないようだったら、少《すこ》し時間《じかん》をおこう。

友《とも》だちも、引《ひ》っ込《こ》みがつかなくなってしまっているのかもしれない。

少《すこ》し時間《じかん》をおくと、友《とも》だちも、きみといっしょに遊《あそ》べなくてつまらなくなってくる。

そのうち仲直《なかなお》りをするチャンスがくるはずだよ。

約束《やくそく》の時間《じかん》

←つづく

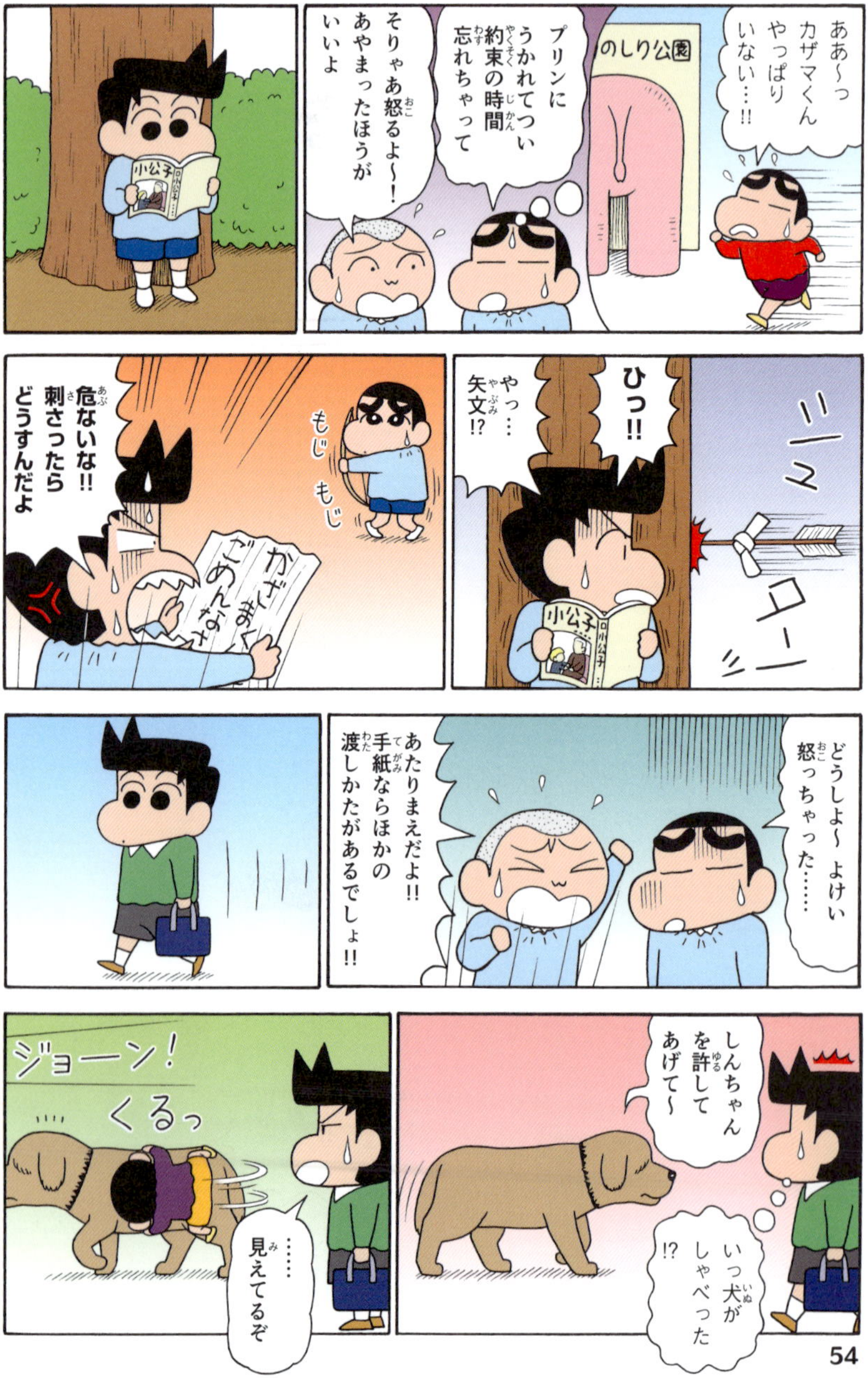
のしり公園
ああ〜っ カザマくん やっぱり いない…!!
プリンに うかれてつい 約束《やくそく》の時間《じかん》 忘《わす》れちゃって
そりゃあ怒《おこ》るよ〜! あやまったほうが いいよ
小公子
ひっ!!
ツー
ターン
やっ… 矢文《やぶみ》!?
かざまくごめんなさ
もじ もじ
危《あぶ》ないな!! 刺《さ》さったら どうすんだよ
どうしよ〜 よけい 怒《おこ》っちゃった……
あたりまえだよ!! 手紙《てがみ》ならほかの 渡《わた》しかたがあるでしょ!!
しんちゃん を許《ゆる》して あげて〜
いっ犬《いぬ》が しゃべった !?
ジョーン!
くるっ
…… 見《み》えてるぞ

次《つぎ》の日《ひ》
カザマくん…
！
ぷいっ
ガーン
まだ許《ゆる》してもらえないの？
カザマくんもう許《ゆる》してあげてもいいんじゃない？しんちゃんも反省《はんせい》してるし
えっ
もう約束《やくそく》やぶったりしないから!!
……
ね？
……わかったよ！これからは気《き》をつけろよ!!
カザマくん……!!
ありがとう!!オラたちこれからもなかよしだゾ!!
がばっ
はみっ
やめろー!!
ボクの耳《みみ》をはみはみするなー!!
ゾオ〜〜ッ
また怒《おこ》っちゃった
もう知《し》らない
プンプン
一《いち》時《じ》間《かん》後《ご》には仲直《なかなお》りした

悪口《わるぐち》を言《い》わないでと友《とも》だちに言《い》いたい

友《とも》だちが、自分《じぶん》の悪口《わるぐち》を言《い》っているのを聞《き》いてしまった。くやしいし、悲《かな》しい気持《きも》ちになる。どうしたらいいだろう？

そんなときは、勇気《ゆうき》を出《だ》して、悪口《わるぐち》はやめて！　とはっきり伝《つた》えよう。

「ぼくの悪口《わるぐち》を言《い》うのは、やめて」と言《い》おう。

悪口《わるぐち》を言《い》われて傷《きず》ついていること。どうしてそんなことを言《い》われるのか、理由《りゆう》がわからない、ということを伝《つた》えよう。

友《とも》だちは、悪意《あくい》を持《も》って悪口《わるぐち》を言《い》っているとはかぎらない。

その場《ば》だけ、だれかに調子《ちょうし》を合《あ》わせているだけで、本心《ほんしん》で言《い》っていない場《ば》合《あい》もよくあるんだ。

きみがはっきり抗議《こうぎ》することで、誤《ご》解《かい》だったことがわかり、仲直《なかなお》りできることもあるよ。

仲直《なかなお》り

あいちゃんってウザイよね
ね〜
!?
なんでそんなこと言《い》うの？あいのどこが悪《わる》いの？
すぐ男《おとこ》の子《こ》にコビ売《う》るとこ！
みんなあいちゃんに夢中《むちゅう》になっちゃう！
…かわいそうに…
？
あいがうらやましいのね？
そういうことハッキリ言《い》っちゃうとこもよ!!
カッ
↖つづく
↙つづき
残念《ざんねん》！ 明日《あした》ふたりをおうちにご招待《しょうたい》しようと思《おも》ったのに
えっ……!?
庭《にわ》のプールに長《なが》ーいすべり台《だい》をつけたの！ 楽《たの》しいわよ
……
そのあとゆかたを着《き》てバーベキューしながら花火《はなび》を見《み》ようかと…でもあいがきらいならむりね
……きらいじゃないわ!!
あの子《こ》たちあんなになかよかったっけ？
さぁ…

22

友《とも》だちにうそはつかない うそは自分《じぶん》が苦《くる》しくなるだけ

「ぼくの家《いえ》でも、犬飼《いぬか》ってるんだ」みんなの話《はなし》に合《あ》わせたくて、つい、うそを言《い》ってしまったことはない?

言《い》ってしまった後《あと》、どうやってうそをかくそうか、その後《あと》ずっと、悩《なや》むことになってしまったはず。うそをごまかすために、またうそを言《い》ってしまったり。

うそは**未来《みらい》の自分《じぶん》を苦《くる》しくする**だけ。もし、友《とも》だちにうっかり言《い》ってしまったうそがあって困《こま》っているなら、なるべく早《はや》く「ごめん、うそなんだ」と打《う》ち明《あ》けてしまおう。

正直《しょうじき》にきみが話《はな》したら、友《とも》だちも許《ゆる》してくれるから、勇気《ゆうき》を出《だ》そう。うそをついてしまうと、後《あと》からどんどん苦《くる》しくなる。

友《とも》だちには本当《ほんとう》のことを伝《つた》えよう。うそをつかずにいるほうがずっと気持《きも》ちが楽《らく》だよ。

うちの犬《いぬ》

ネネは毎晩《まいばん》ねこのミミちゃんと寝《ね》てるんだ～！
へーいいな～
オラなんか犬小屋《いぬごや》でシロと寝《ね》ることあるゾ
シロ
アハハハ……
しんちゃんらしいわね
ボクもときどき大《おお》きい犬にうもれて寝《ね》てるんだ～
いいなぁ大《おお》きい犬《いぬ》!!あこがれる～
ほおー!!
今度見《こんどみ》に行《い》ってもいい？
オラも見《み》たい!!
えっ!?
どうしよう……ウソなのに
その晩《ばん》
ママお願《ねが》い犬買《いぬか》って!!ボクが絶対《ぜったい》世話《せわ》するから
ええっ!? 何《なに》？ 急《きゅう》に…
こんな小犬《こいぬ》じゃなくて大《おお》きいやつだよぅ～!!
グレートピレニーズ
一年《いちねん》もすりゃ大《おお》きくなるわよ！
そんなに待《ま》てないよ!!
そして…
あれが犬《いぬ》？
おおっ大《おお》きい!!
今寝《いまね》てるから起《お》こさないでね
まったくもうマサオったらこんなことさせて…！
近《ちか》づかないでね…危《あぶ》ないから

友《とも》だちの家《いえ》に行《い》くときのルール

友《とも》だちの家《いえ》で遊《あそ》ぶときには、出《で》かける前《まえ》に、だれの家《いえ》に遊《あそ》びに行《い》くのかを、自分《じぶん》の家《いえ》の人《ひと》に伝《つた》えよう。

友《とも》だちの家《いえ》の人《ひと》も許《ゆる》してくれているのか、友《とも》だちに確認《かくにん》しよう。

みんなで分《わ》けるお菓子《かし》を少《すこ》しおみやげに持《も》っていくのはいいけど、自分《じぶん》だけのお菓子《かし》を持《も》っていくのはマナー違《い》反《はん》だよ。

家《いえ》に上《あ》がるときは「こんにちは」

「おじゃまします」とあいさつしよう。

くつはきちんとそろえよう。

遊《あそ》ぶ部屋《へや》に案内《あんない》してもらったら、その部屋《へや》だけで遊《あそ》ぶこと。勝手《かって》にほかの部屋《へや》に入《はい》ったりしちゃいけない。

さいしょに帰《かえ》る時間《じかん》を決《き》めて、帰《かえ》る時間《じかん》を守《まも》ろう。

使《つか》った物《もの》は片《かた》づけてから帰《かえ》ろう。

帰《かえ》るときは、「ありがとうございました」と、家《いえ》の人《ひと》にあいさつしよう。

簡単《かんたん》なルール

おおう… こんなに おぼえきれ ないゾ～!!
しんちゃんが 苦手《にがて》なこと ばかりだね…
友《とも》だちルール
約束《やくそく》して ないのに 勝手《かって》に家《いえ》に 来《く》ること あるし
だって急《きゅう》に 行《い》きたく なるんだ もん
たしかに なるわね
マサオくんち だけ急《きゅう》に 行《い》ってもいい ことにしない?
おおっ!! 賛成《さんせい》!!
なんで～!! 困《こま》るよ～!!
「くつをそろえる」 とかも必要《ひつよう》 ないでしょ
なんで?
オラそのまま バックして はけるし
器用《きよう》だね…
かくれんぼは? ひとつの部屋《へや》 だけじゃ つまんないゾ
あっ たしかに ……
外《そと》でやれ ってこと?
外《そと》じゃ どこまでも 広《ひろ》い範囲《はんい》に なっちゃう
鬼《おに》が かわいそう だゾ!
そんなら 二《に》～三《さん》部屋《へや》 とか使《つか》う部屋《へや》を 決《き》めれば いいじゃん!!
なんでこんな 簡単《かんたん》な ルールが 守《まも》れないん だろう…
ふしぎ ……
ワイワイ ワイワイ

24 友《とも》だちと遊《あそ》ぶときは家《いえ》に帰《かえ》る時間《じかん》を決《き》めておこう

友《とも》だちの家《いえ》で遊《あそ》んでいると、楽《たの》しくて、帰《かえ》る時間《じかん》を忘《わす》れてしまいがち。時間《じかん》に気《き》づいても、友《とも》だちに「帰《かえ》る」と言《い》い出《だ》しにくいこともあるよね。

帰《かえ》る時間《じかん》は遊《あそ》ぶ前《まえ》に決《き》めておこう。

5時《じ》に家《いえ》に帰《かえ》る約束《やくそく》なら、「4時《じ》50分《ぷん》になったら帰《かえ》るね」と決《き》めてから、遊《あそ》ぼう。

なるべく、友《とも》だちのお家《うち》の人《ひと》に「もう帰《かえ》る時間《じかん》ですよ」と言《い》われる前《まえ》に、自分《じぶん》から帰《かえ》るようにしよう。

もし、いっしょに遊《あそ》んでいる友《とも》だちが、帰《かえ》る時間《じかん》を決《き》めていなかったら、「もう帰《かえ》る時間《じかん》だから、いっしょに帰《かえ》ろうよ」と言《い》って、早《はや》めにお家《うち》に帰《かえ》るようにしよう。

きちんと最初《さいしょ》に決《き》めた時間《じかん》を守《まも》って自分《じぶん》から帰《かえ》れると、友《とも》だちの家《いえ》の人《ひと》からも「また遊《あそ》びにいらっしゃい」と言《い》ってもらえるよ。

帰《かえ》る時間《じかん》

みんなー お時間《じかん》だいじょうぶ?
あっ! 帰《かえ》んなきゃ
おかまいなくぅ
おうちの人《ひと》が心配《しんぱい》してるんじゃない?
今日《きょう》母《かあ》ちゃん遅《おそ》いもーん
マサオくんちが困《こま》るの! 帰《かえ》るわよ!
ずるずる
じゃあまたね~
今日《きょう》おうちの人《ひと》遅《おそ》いからって
そうなんですぅ
えっ!? 今《いま》から!?
↖つづく
いつまでいる気《き》かしら…?
↙つづき
あれ? ネネちゃんこれ見《み》るの?
そうよ 毎週必《まいしゅうかなら》ず
わくわく☆ペットワールド
ネネちゃんまた明日《あした》~!!
もう帰《かえ》るの?
え?
ワッハッハ… アクショーン かめーん!!!
テレビのおかげで帰《かえ》れたしんちゃん

25

友《とも》だちの家《いえ》の人《ひと》にはていねいな言葉《ことば》で話《はな》そう

友《とも》だちのお母《かあ》さんと会《あ》ったとき、ちゃんとお話《はなし》できるかな。

「今《いま》、お母《かあ》さんお家《うち》にいる?」そう聞《き》かれたら、なんて答《こた》える?

「うん」「いるよ」

ではなく、できるだけ、

「はい、います」

と、ていねいに答《こた》えるようにしよう。

友《とも》だちの家《いえ》の人《ひと》だけでなく、先生《せんせい》や、自分《じぶん》より年上《としうえ》の人《ひと》には、「です」をつけたていねいな話《はな》し方《かた》ができるようにしておこう。

最初《さいしょ》はちょっと言《い》いにくくて恥《は》ずかしいかもしれないけど、「です」をつけるていねいなしゃべりかたを覚《おぼ》えてしまうと、大人《おとな》の人《ひと》と話《はなし》をするのが怖《こわ》くなくなるよ。

ていねいな言葉《ことば》づかいになれておくと、電話《でんわ》に出《で》て話《はな》すときにも堂々《どうどう》とできるよ。

友《とも》だちの家《いえ》

しんちゃんはお友《とも》だちのママにていねいな言葉《ことば》で話《はな》してる?
んも~あたりまえじゃない!
ならいいけど…
ネネちゃんちに行《い》った場合《ばあい》
また来《き》ました~
い…いらっしゃい
・・・オツヤは芋《いも》ようかんでいいですよ
ギク
なぜ? さては買《か》うところを見《み》てたな……
う~ん やっぱり芋《いも》ようかんはドラ屋《や》のほうがいいな
そう?
なら食《く》うな!
言葉《ことば》がていねいでも内容《ないよう》が失礼《しつれい》ならダメ
カザマくんの場合《ばあい》
おじゃましまーす!!
いらっしゃい!
これどうぞ! おみやげです
まぁ! いいのにそんな…!
あの…できれば紅茶《こうちゃ》にしていただけると…タルトに合《あ》いますので…
あぁいいわよ!
オラ牛乳《ぎゅうにゅう》がよかったな
紅茶《こうちゃ》のほうが合《あ》うだろ! 子《こ》どもだなぁ
もう少《すこ》し子《こ》どもらしくてもいいんだけど

遊《あそ》ぶ約束《やくそく》を守《まも》れなくなったらどうする？

学校《がっこう》で「明日《あした》の土曜日《どようび》、いっしょに遊《あそ》ぼう」と友《とも》だちと約束《やくそく》した。ところが家《いえ》に帰《かえ》ったら、明日《あした》はサッカーの試《し》合《あい》があるとお母《かあ》さんに言《い》われた。

そんなとき、どうしよう？

こんなときには、できるだけ早《はや》く友《とも》だちに連絡《れんらく》すること。電話《でんわ》をして、「ごめんね、明日《あした》は別《べつ》の用事《ようじ》があったんだ。明日《あした》は遊《あそ》べないんだ」と、はっきり伝《つた》えよう。

「あさってなら遊《あそ》べるよ」と約束《やくそく》をやりなおせたらいいよね。友《とも》だちならきっときみの事情《じじょう》をわかってくれるはず。

連絡《れんらく》はめんどう、月曜日《げつようび》にあやまればいいや、なんて軽《かる》く考《かんが》えちゃいけないよ。

約束《やくそく》って、大事《だいじ》なんだ。守《まも》れないときもあるけど、そんなときにはできるだけ早《はや》く連絡《れんらく》しよう。

急《きゅう》な出来事《できごと》

約束《やくそく》？

27

貸《か》した物《もの》を返《かえ》してくれない友《とも》だちになんて言《い》う？

友《とも》だちに貸《か》してあげた、まんがの本《ほん》。「明日《あした》返《かえ》すね」と言《い》っていたのに、いつまで待《ま》っても、返《かえ》してくれない。

そんな友《とも》だちには、はっきり、
「ぼくのまんが、返《かえ》してね」
と言《い》わなくちゃいけないよ。

友《とも》だちは、きみが心配《しんぱい》していることに気《き》づいていないんだ。

だから、
「すごく大事《だいじ》な物《もの》なんだよ」

「ぼくの物《もの》が返《かえ》ってこないと悲《かな》しい」
と、はっきりきみの気持《きも》ちを伝《つた》えることが大切《たいせつ》なんだ。

そうすれば、友《とも》だちも「悪《わる》いことしちゃった」と気《き》づいてくれる。

それからもうひとつ。

貸《か》したくはない大事《だいじ》なものなら、
「ごめんね、これは大事《だいじ》にしてるから、だれにも貸《か》せないんだ」
と、断《ことわ》っていいんだよ。

貸《か》したまんが

あ
あっ！カザマくん
「少年忍者《しょうねんにんじゃ》吹雪丸《ふぶきまる》」の最新刊《さいしんかん》！
読《よ》み終《お》わったらかして
「ヤマザキ春《はる》のパン祭《まつ》りだ」略《りゃく》してヤダ！
なんでだよボクのはよく借《か》りるくせに!!
三本《さんぼん》のヤダ～
カザマくん！ボクのだよ
ハイ！どうぞ
まぎらわしいなあ…
じゃ～ね～
明日《あした》返《かえ》すね～！
マングース マンション
あぁおもしろかった！
カチャ
トオルちゃんお勉強中《べんきょうちゅう》？
あっ！う…うん！
さっ
お夕飯《ゆうはん》よいらっしゃい
ハーイ
今日《きょう》は食後《しょくご》にケーキがあるわよ
ホント!?やったー

↑つづく

次《つぎ》の日《ひ》
ワイ
ワイ
バイバーイ
あれ?
じゃーねー
バイバーイ
まんが返《かえ》してくれるんじゃなかったっけ
次《つぎ》の次《つぎ》の日《ひ》
あの……カザマくんま…ま…
まんが返《かえ》して
マンゴーって食《た》べたことある?
もちろん!! ベトナムで食《た》べたのが一番《いちばん》おいしかったなぁ〜
バイバーイ
今日《きょう》も返《かえ》してくれなかった……
またねー
次《つぎ》の次《つぎ》の次《つぎ》の日《ひ》
あの…カザマくんま…ま…
まんが返《かえ》して
前田健太《まえだけんた》はメジャーで成功《せいこう》すると思《おも》う?
う〜んケガさえしなけりゃだいじょうぶじゃないかなぁ
バイバーイ
……
またあしたー
カザマくん まさかボクがまんがあげたと思《おも》ってる? …でも「明日返《あしたかえ》すね」って言《い》ってたし…
それとも忘《わす》れてる?
いや…でもしっかり者《もの》のカザマくんにかぎってそんなわけが…
どーしたのマサオくん? しょっぱい顔《かお》して

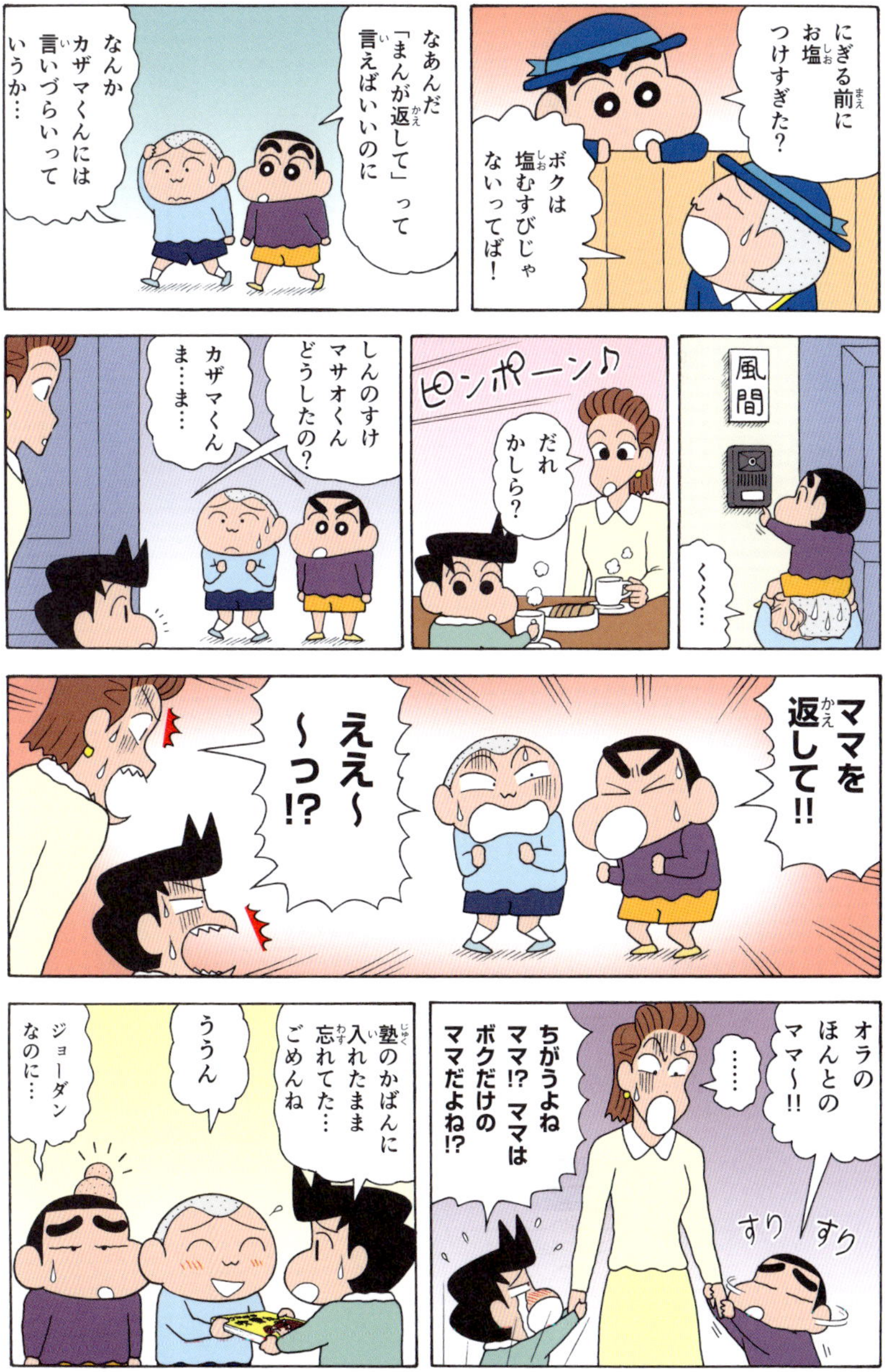

にぎる前《まえ》にお塩《しお》つけすぎた?
ボクは塩《しお》むすびじゃないってば!
なあんだ「まんが返《かえ》して」って言《い》えばいいのに
なんかカザマくんには言《い》いづらいっていうか…
風間
くく…
ピンポーン♪
だれかしら?
しんのすけマサオくんどうしたの?
カザマくんま…ま…
ママを返《かえ》して!!
ええ〜〜っ!?
オラのほんとのママ〜!!
……
ちがうよねママ!? ママはボクだけのママだよね!?
すり すり
塾《じゅく》のかばんに入《い》れたまま忘《わす》れてた…ごめんね
ううん
ジョーダンなのに…

28

友《とも》だちが「あげる」と言《い》っても ちょっと待《ま》って

友《とも》だちの家《いえ》で遊《あそ》んでいるとき。

おもちゃやマンガの本《ほん》などを、友《とも》だちが「あげるよ」と言《い》うことがある。

うれしいけど、そういうとき、すぐにもらってはダメだよ。

シールやカードなど、自分《じぶん》のおこづかいで買《か》った小《ちい》さな物《もの》をやりとりするのはいいけれど、おもちゃや本《ほん》は、友《とも》だちのお父《とう》さんやお母《かあ》さんが働《はたら》いたお金《かね》で友《とも》だちのために買《か》ってくれたもの。

おじいちゃんやおばあちゃんからおくられた、心《こころ》のこもったプレゼントの場《ば》合《あい》だってある。

子《こ》ども同士《どうし》で、勝手《かって》にやりとりしてはいけないんだ。

友《とも》だちが、「いいよ、あげる」と言《い》っても、友《とも》だちのお母《かあ》さんがいいと言《い》っているのか、確認《かくにん》しよう。

もらってもいいか、きみの家《いえ》の人《ひと》にも確《たし》かめよう。

腕時計《うでどけい》

記念《きねん》コイン

どうしよう、悪《わる》いことに誘《さそ》われた
断《ことわ》りたい。でもきらわれたくない…

社会科見学《しゃかいかけんがく》の前《まえ》の日《ひ》。

「明日《あした》、ふたりでこっそりお菓子《かし》持《も》って行《い》こうよ」

大好《だいす》きな友《とも》だちからそんなふうに誘《さそ》われたら、どうする？

自分《じぶん》は学校《がっこう》のルールは守《まも》りたい。だけど、仲《なか》よしの友《とも》だちの誘《さそ》いを断《ことわ》るなんてむり！　と悩《なや》んでしまうよね。

でも、迷《まよ》いながら友《とも》だちに流《なが》されてルール違反《いはん》のことをしてしまったら、

とてもいやな気持《きも》ちになる。

考《かんが》えているとどんどん断《ことわ》りづらくなってしまうから、こんなときは**できるだけ早《はや》く返事《へんじ》をしよう**。

「ぼくはしないよ。ルールをやぶりたくないから」と、迷《まよ》わずに**きっぱり断《ことわ》ろう**。

だいじょうぶ、友《とも》だちも、きみが断《ことわ》ってくれたことにホッとしているかもしれないよ。

パン工場《こうじょう》

明日《あした》は
パン工場《こうじょう》見学《けんがく》です!
お菓子《かし》は持《も》ってきちゃダメよ!
ハーーイ
こっそりお菓子《かし》持《も》って行《い》こうよ
こそこそ
ええっダメだよ〜!
バレたらどうするの? ボク怒《おこ》られるのやだよ
こそこそ
わかったわかった
チョコビは目立《めだ》つから小《ちい》さい物《もの》がいいよ…アメとか
ぼそぼそ
マサオくんじつはすごく持《も》って行《い》きたいでしょ?
↖つづく
↙その夜《よる》
……
しんちゃんやっぱりお菓子《かし》持《も》ってくのよそうよ〜
えーっ!? マサオくん乗《の》り気《き》だったじゃない!!
じゃあしんちゃんひとりで持《も》って行《い》ってよ!! ボクは持《も》って行《い》かないからね!!
わかったわかった!!
そして次《つぎ》の日《ひ》
ジャムパンくばりま〜す
ワーーイ
おおっなんだパンが出《で》るのか!
持《も》ってこないでよかったね!

30

友《とも》だちがなんでもできるから自分《じぶん》はダメだと落《お》ち込《こ》んでしまう

友《とも》だちは、走《はし》るのも速《はや》いしとても明《あか》るい、たくさんの友《とも》だちとも気軽《きがる》に話《はな》せるタイプ。でも自分《じぶん》は人見知《ひとみし》りでスポーツも苦手《にがて》……。

友《とも》だちと自分《じぶん》をくらべていつも落《お》ち込《こ》んでしまう。うらやましいと思《おも》う自《じ》分《ぶん》が、いやになる……そんなこと、ないかな？

友《とも》だちのすてきなところをわかっていて、うらやましいと思《おも》えることは、すばらしいこと。ぜんぜん悪《わる》いことじゃない。

すてきな友《とも》だちがきみと仲《なか》よしなのだから、とってもラッキー。

きっと、きみのすてきなところは、友《とも》だちとはぜんぜん違《ちが》うところにある。友《とも》だちと自分《じぶん》をくらべないこと。

友《とも》だちとはちがう、きみのいいところ、得意《とくい》なことを見《み》つけて、育《そだ》てていこう。

イライラ

男《おとこ》らしい

31 友《とも》だちがメールの返事《へんじ》をくれない

携帯電話《けいたいでんわ》やスマホは、友《とも》だちとメッセージのやりとりができて便利《べんり》だけれど、困《こま》ったこともある。返事《へんじ》がこないと、返事《へんじ》を出《だ》したほうが心配《しんぱい》になってしまうんだ。

メッセージを送《おく》ったほうは、返事《へんじ》は大急《おおいそ》ぎでしてほしい、と思《おも》うかもしれない。でも、忙《いそが》しかったり、体調《たいちょう》が悪《わる》かったりして、返事《へんじ》を送《おく》れないことだってある。それに、すべての人《ひと》がメールなどのやりとりが得意《とくい》なわけではないんだ。

返事《へんじ》がないからといって、きみが否《ひ》定《てい》されているわけではない、ということを覚《おぼ》えておこう。

気持《きも》ちを文字《もじ》だけで伝《つた》えるのはとてもむずかしい。誤解《ごかい》も多《おお》くなる。

友《とも》だちとのメッセージのやりとりは楽《たの》しいけれど、大事《だいじ》な話《はなし》は直接話《ちょくせつはな》すようにしようね。

メール

母《かあ》ちゃん オラにも メール 打《う》たして
え? いったい だれに出《だ》すのよ ?
カザマ くん!
あ! メールだ! 件名《けんめい》「しんのすけ だゾ」
しんのすけ!?
「ひさしぶり。どう? ようちえんはたのしい?」 毎日《まいにち》会《あ》ってるだろが…
トオルちゃーん お電話《でんわ》よ〜っ
メール見《み》た? 返信《へんしん》まだ?
電話《でんわ》 するんなら わざわざ メールして くんな!!

お返事《へんじ》

あ! 今日《きょう》も メール 来《き》てる…
しんのすけ だ!
件名《けんめい》「あたり ました」… なんだこりゃ!?
送信者
件名
しんのすけ
あたりました
□パパ
□しんのすけ
……
…!!
件名:あたりました
これおよんだひとに
おらからあいおこめて
だっことちゅーしてあげます
おへんじしてね
しんのすけ
次《つぎ》の日《ひ》
メール読《よ》んだ? なんで お返事《へんじ》 くれないの?
だれが返事《へんじ》 するかー!!

ほんとは好《す》きじゃない友《とも》だちのふりをしている友《とも》だち

おとなりのA《エー》ちゃん。入学《にゅうがく》してからずっといっしょに学校《がっこう》に行《い》っている。でも、A《エー》ちゃんのこと、ほんとは、好《す》きじゃない……。

どうしても気《き》が合《あ》わないけれど、家《いえ》が近《ちか》いから、お母《かあ》さん同士《どうし》が仲《なか》がいいから、とりあえずいっしょにいる、そんな友《とも》だちはいないかな。

無理《むり》をしていつもいっしょにいる必《ひつ》要《よう》はないんだよ。

「明日《あした》は、ばらばらに行《い》こうね」

ときどき断《ことわ》りながら、**距離《きょり》をおいてみてもいい**よ。

そして、きみも友《とも》だちも、ほかに気《き》の合《あ》う友《とも》だちをさがして、**友《とも》だち仲間《なかま》を広《ひろ》げていけばいい**んだ。

何《なに》かあったときに協力《きょうりょく》しあえる友《とも》だち関係《かんけい》でいられたら、それでいい。

少《すこ》しはなれてみたら、その子《こ》のいいところが見《み》えてくることもあるよ。

ちょっと苦手《にがて》

今週《こんしゅう》はこのふたりがお花係《はながかり》
けっこう たいへん だね〜
だなー
サー…
サー…
じゃあボク しんちゃん たちと砂場《すなば》で 遊《あそ》ぶから
おーまた 明日《あした》なー
河村《かわむら》くんも誘《さそ》ったほうが よかったかな…?
でもちょっと苦手《にがて》 なんだよな〜
あ〜気《き》が 楽《らく》になった…
意外《いがい》と相手《あいて》も ホッとしていたりして

ランチ会《かい》

トオルちゃん 明日《あした》 ママのお友《とも》だちとの ランチ会《かい》よ! 行《い》くでしょ? 子《こ》どもも来《く》るし
えっ う… うん…
ランチは いいけど…
あそこに来《く》る子《こ》ら あんまり気《き》が 合《あ》わないんだよな
ママ…やっぱり 行《い》かなくても いい?
いいの? いつも行《い》って たのに…
ワイ ワイ
あ〜いごこち いい〜!!

33

友《とも》だちに合《あ》わせるのに なんだか疲《つか》れてしまったとき

たとえば、毎日友《まいにちとも》だちと話《はな》を合《あ》わせるために、テレビを見《み》て、アイドルの名前《なまえ》を覚《おぼ》えて、なんだか疲《つか》れちゃったな、というとき。

もしかしたら、きみは、アイドルなんて好《す》きじゃないんじゃない？

友《とも》だちに合《あ》わせてばかりいるから、疲《つか》れてしまったのかもしれないよ。

みんなとつながっているのは心地《ここち》よい。でも、いつも無理《むり》して合《あ》わせていたら疲《つか》れてしまう。

そんなときは、少《すこ》しだけ友《とも》だちづきあいをお休《やす》みしてみよう。

「今日《きょう》は家《いえ》に帰《かえ》るね」とか、「携帯《けいたい》をお休《やす》みするね」と言《い》って、友《とも》だちづきあいを少《すこ》しお休《やす》みしよう。

友《とも》だちとにぎやかに過《す》ごすより、ひとりで本《ほん》を読《よ》んだり、物《もの》を作《つく》ったりするのが好《す》きな人《ひと》もいる。

ひとりの時間《じかん》も大切《たいせつ》にしよう。

みんなでまんが

ドキドキ
わくわく…
あ——おもしろかった!!
パタン
そうだ!! ボクもこんなまんがを描《か》こう!!
マサオ しんちゃんから電話《でんわ》よ
マサオくん今《いま》からサッカーやろ!
え? あ~どうしようかな…
マサオくんが来《こ》なきゃ人数《にんずう》が足《た》んないゾ
わかった行《い》くよ!
まんがは夜《よる》描《か》けばいっか…
ワァーワァー
その晩《ばん》
よーし描《か》くぞ!!
グ~
マサオ ふとんで寝《ね》なさい! かぜひくよ!

←つづく

次《つぎ》の日《ひ》
よーし!!
今日《きょう》こそ描《か》くぞー!!
ピンポーン
ネネちゃんとしんちゃんが来《き》たよ
えっ!?
マサオくん今何《いまなに》してた?
まんが描《か》いてたけど…
じゃあヒマね! よかったいっしょに遊《あそ》びましょ
遊《あそ》びましょ
ええ!?
ずか
ずか
マサオくんはギャンブル好《ず》きのダメ夫《おっと》ネネはしっかり者《もの》の美人妻《びじんづま》ね
パパーマジメに働《はたら》いてー!!
しんちゃん子《こ》ども役《やく》になってる…!
だいほん
もう!! 勝手《かって》に決《き》めないで!!
ボクはまんがが描《か》きたいんだってば!!
ひとりでたいくつだからしかたなく描《か》いてたんじゃないの?
ちがうよ!! 描《か》きたくて描《か》いてんだよ

じゃネネが原作者《げんさくしゃ》になってあげる！ままごとの台本《だいほん》が何冊《なんさつ》かあるし
だいほん
ネネちゃんの書《か》く台本《だいほん》て主婦向《しゅふむ》けドラマっぽいんだよなぁ…
少年忍者
吹雪丸
4
こういう冒険活劇《ぼうけんかつげき》が描《か》きたいんだよボクは…
じゃあネネも自分《じぶん》でまんが描《か》こうかな
オラも何《なに》か描《か》こっと！
！
マサオくん紙《かみ》と鉛筆《えんぴつ》かりていい？
う…うんいいけど…
みんなジュースどうぞ…
めずらしい！静《しず》かに遊《あそ》んでるのねぇ～！
フフ…みんなでまんが描《か》くのって楽《たの》しいなぁ…♪
次《つぎ》の日《ひ》
オラとマサオくんとネネちゃんでまんが雑誌《ざっし》作《つく》ったんだゾ
へー！
すごーい！
てるてるコミック
しんちゃんのがおもしろい
ボクはネネちゃんのかな
うう…フクザツ…
てるてるコミック
えっへん

友《とも》だちになりたい子《こ》がいない

とくべつに仲《なか》のいい子《こ》はいない。仲《なか》よくなりたい子《こ》もいない。

自分《じぶん》の大好《だいす》きな本《ほん》やアニメの話《はなし》をできる人《ひと》はだれもいないから、休《やす》み時間《じかん》もひとりで本《ほん》を読《よ》んでいる。ひとりでいたほうが気楽《きらく》。

ひとりでいることが苦痛《くつう》でないなら、何《なに》も問題《もんだい》ないよ。

でも、友《とも》だちはいらないと決《き》めつけないで。クラスや学校《がっこう》が変《か》われば、あっという間《ま》に友《とも》だちができることだってある。

それから、いつもいっしょにいる仲《なか》よしたちが、ほんとうに気《き》の合《あ》う同士《どうし》とはかぎらない、ということは知《し》っておこう。

たまには思《おも》い切《き》って、興味《きょうみ》のない話《はなし》にもつきあってみよう。趣味《しゅみ》は違《ちが》うけど、ときどき話《はな》せる気《き》の合《あ》う友《とも》だちができるかもしれないよ。

アリの行列《ぎょうれつ》

KSB《カスカベ》48でだれが一番《いちばん》好《す》きー?
わたしマーちゃん
わたしヨッチー
ユミちゃんは?
えっ!?
えっと…わかんない
言《い》えないよ…
↑つづく
アリの観察《かんさつ》が一番《いちばん》好《す》きだなんて…
あ〜たのし〜〜
↙つづき
何《なに》見《み》てんの?
ア…アリの行列《ぎょうれつ》!
帰《かえ》ってくるアリはみんな何《なに》か持《も》ってるの
おもしろーいKSB《カスカベ》48みたーい!!
えっ?どこが!?
最新曲《さいしんきょく》だとみんなハートを持《も》って踊《おど》ってるのよ
へぇ…番組《ばんぐみ》見《み》てみようかな……
見《み》てみて!!かわいいから
人《ひと》の趣味《しゅみ》に興味《きょうみ》を持《も》つのも楽《たの》しいよ

仲間《なかま》はずれは絶対《ぜったい》にやってはいけないこと

学校《がっこう》のクラスの友《とも》だちには、とびきり気《き》の合《あ》う人《ひと》もいれば、どうしても仲《なか》よくしたくない人《ひと》もいる。

だからといって、仲《なか》よしだけでつながって、その輪《わ》に入《はい》れない人《ひと》を作《つく》ってはいけないんだ。仲《なか》よしの輪《わ》はいつも開《ひら》いておこう。

クラスメートはいっしょに行動《こうどう》する仲間《なかま》。どんな理由《りゆう》であれ、仲間《なかま》はずれにすることはいけないよ。

なかなか好《す》きになれなくても、いっしょに過《す》ごす時間《じかん》は、同《おな》じ仲間《なかま》としてつきあおう。

人《ひと》を仲間《なかま》はずれにする正当《せいとう》な理由《りゆう》なんて、なんにもない。仲間《なかま》はずれにされている人《ひと》は、なんの理由《りゆう》もなく、意《い》地悪《じわる》で仲間《なかま》はずれにされていることが多《おお》いんだ。

ひとりぼっちでいる子《こ》には声《こえ》をかけよう。

仲間《なかま》はずれ？

ひそ ひそ ひそ ひそ ひそ
!
何《なに》話《はな》してるの～？
さささ～～っ
何《なに》よー!!
ネネを仲間《なかま》はずれにしてー!!
何《なに》話《はな》してたのか吐《は》きなさいよ!!
何《なん》でもないよう～!!
そんなだから仲間《なかま》はずれにされるんじゃ……
↖つづき
↙つづき
いいじゃんネネちゃん男《おとこ》の子《こ》なんて
こっちで遊《あそ》ぼ！
うん…
夕方《ゆうがた》
桜田
ただいま～！
ネネちゃん「ウサギの絵《え》大賞《たいしょう》」入賞《にゅうしょう》おめでとー!!
パーン パン パン パーン
!?
昼間《ひるま》はバレるかと思《おも》ったよ
大成功《だいせいこう》！
もー!! みんな大《だい》キライ!!

36

ちょっと苦手《にがて》な友《とも》だちとどうつきあう？

クラスの仲間《なかま》のなかには、大好《だいす》きな友《とも》だちもいれば、ちょっと苦手《にがて》な人《ひと》もいる。

でも、クラスのみんなは、学校《がっこう》にいる間《あいだ》はいっしょに過《す》ごす仲間《なかま》。苦手《にがて》な人《ひと》がいても、笑顔《えがお》でつきあっていくのがルールだよ。

苦手《にがて》だな、って思《おも》うのは、その子《こ》が悪《わる》い子《こ》だからじゃない。その子《こ》のいいところを、きみがまだ知《し》らないだけなんだ。

算数《さんすう》といっしょ。わかってきたら少《すこ》しずつ仲《なか》よくなれる！

苦手《にがて》な友《とも》だちに質問《しつもん》して、友《とも》だちのいいところを知《し》る努力《どりょく》をしてみよう。

されていやなことがあったら、それはしないでと伝《つた》えればいい。

苦手《にがて》だった友《とも》だちを、おもしろい仲《なか》間《ま》に変《か》えていこう。

毎日《まいにち》が楽《たの》しくなるよ！

好《す》きな食《た》べ物《もの》

はぐれないよう となりの人《ひと》と手《て》を つないでねー！
ハーイ
お？
よ… よろしく…
おとなしい子《こ》 苦手《にがて》… 何話《なにはな》そう？
やだな〜 しんちゃん… 急《きゅう》におしりとか 出《だ》されたら どうしよう？
ねえ ユミちゃんの 好《す》きな食《た》べ物《もの》 何《なに》？
ドキッ
えっ!? しっ しりもち!!
しりもち!?
……じゃない！ おもち!!
おしりのこと 考《かんが》えてた から…
↖つづく
↙つづき
オラはプリンが 好《す》きー！
じゃあ きらいな 食《た》べ物《もの》は？
ピーマン!!
あー！ オラも ピーマン きらい!!
ホント!? あたし 赤《あか》ピーマン ならまだ マシなんだ けど……
オラどっちも ダメ〜！ 赤《あか》も黄色《きいろ》も オレンジも！
キャハハハハ
ひどーい!!
ホッ…… なんだ意外《いがい》と 話《はな》せるじゃん

37 グループに入《い》れてもらうにはどうしたらいい？

友《とも》だちがほしいけど、クラスのなかに決《き》まったグループができていると、もう友《とも》だちはつくれない、と思《おも》いこんでしまうことがある。

でも、あきらめる必要《ひつよう》はないよ。楽《たの》しそうなグループはあるかな？「気《き》が合《あ》いそうだな」と思《おも》ったグループがあったら、

「入《い》れてー、何《なに》してるの？」

と、お願《ねが》いしてみよう。


だれに言《い》っているのかわからないと、グループの子《こ》は返事《へんじ》しづらい。リーダーの子《こ》か、とくに自分《じぶん》と気《き》が合《あ》いそうな子《こ》の顔《かお》を見《み》て頼《たの》もう。

断《ことわ》られてしまったら落《お》ち込《こ》むけれど、タイミングが悪《わる》くて断《ことわ》られてしまうことは、わりとよくあることなんだ。

断《ことわ》られてもきみのせいじゃないから、再《さい》チャレンジ！

だいじょうぶ、次《つぎ》はうまくいくよ。

おままごと

最近《さいきん》、引《ひ》っ越《こ》してきた子《こ》
あ!! おままごとしてる子《こ》がいる!
こんにちは!! わたしも入《い》れてくれない?
いいよ 入《はい》れば~
じゃあ あなたは不良娘《ふりょうむすめ》のトゲミ役《やく》ね
え… 不良《ふりょう》!?
↖つづく
↙つづき
あなたも注意《ちゅうい》してよ!! グレオもトゲミも言《い》うこと聞《き》かないの
ふたりとも!! 母《かあ》さんの言《い》うこと聞《き》かなきゃダメだゾ!!
はぁ!? てかオヤジまじうぜーし!!
そ… そうよね うざいわよ
ダメダメ!! もっと不良《ふりょう》らしく!!
あ… ゴメン
そんなこと言《い》われたってわかんないよ~!!
あれ? もう帰《かえ》っちゃうの~?
うん! じゃあね~
ほかのグループをさがそうっと

38 みんなの会話《かいわ》がはずまない 気《き》まずい沈黙《ちんもく》、どうしたらいい？

いっしょになったグループに仲《なか》よしがいないとき。

会話《かいわ》が続《つづ》かず、なんだか気《き》まずいなあ、というときがある。

そんなときは、**みんなに共通《きょうつう》する話《わ》題《だい》**を、給食《きゅうしょく》のときなら今日《きょう》の給食《きゅうしょく》のことを話題《わだい》にしてみよう。

「今日《きょう》の給食《きゅうしょく》はカレーだね。学校《がっこう》のカレーはそんなにからくないよね」

自分《じぶん》の感想《かんそう》を先《さき》に言《い》ってみよう。ほかの人《ひと》が話《はなし》をしやすくなるよ。

「そうだね。でもボクはもっとからいカレーが好《す》きだな。〇〇さんは？」

「わたしはもっと甘《あま》いほうがいい」

と、話《はなし》がつながっていく。

黙《だま》っている人《ひと》にも意見《いけん》を聞《き》いてみよう。意外《いがい》な答《こた》えが返《かえ》ってきたりして、全員《ぜんいん》でもり上《あ》がれる。

食《た》べ物《もの》の話《はなし》は、だれもが参加《さんか》できる、楽《たの》しい話題《わだい》だよ。

おいしくないカレー

給食《きゅうしょく》
いただきまーす!!
もくもくもくもく…
気《き》まずい……
お…おいしいね このカレー
おいしくないカレーなんてあんのかよ!?
やな感《かん》じ!!
しゃべるんじゃなかった!
↖つづく
↙つづき
あるよ! おいしくないカレー
え? どんなの?
オラ ピーマン入《はい》ってるカレーは苦手《にがて》〜!
そういや オレもナスカレーはちょっと…
わたしは好《す》きだよ ピーマンカレーもナスカレーも
ホント?
同《おな》じカレーが人《ひと》によっておいしかったりおいしくなかったりするんだねぇ
そういうことだな〜
アッハッハッハッ
しんちゃん話《はなし》を広《ひろ》げてくれてありがとう

39 友《とも》だちに笑《わら》われた！恥《は》ずかしくてたまらない!!

たとえば、授業中《じゅぎょうちゅう》にまちがったことを言《い》ってしまって、みんなに笑《わら》われてしまったとき。

恥《は》ずかしいやら、くやしいやらで消《き》えてしまいたくなる。

でも、**失敗《しっぱい》はだれにでもある**こと。

いっしょうけんめい答《こた》えたのだから、それで第一段階《だいいちだんかい》はクリア。まちがってしまったけど、それはあと一歩《いっぽ》ということ。

だから、堂々《どうどう》としていていい。

思《おも》い切《き》って、「失敗《しっぱい》しちゃった」「恥《は》ずかしいよ〜」と言葉《ことば》に出《だ》して言《い》ってしまおう。

失敗《しっぱい》しちゃったけどまぁいいや、またがんばろう、そう思《おも》えて元気《げんき》が出《で》てくるよ。

きっときみはもう二度《にど》と間違《まちが》わない。

失敗《しっぱい》を受《う》け入《い》れられる人《ひと》は成長《せいちょう》できる。そして、人気者《にんきもの》になれる。

高《たか》い山《やま》

平気《へいき》だよ

40

泣《な》いている友《とも》だち どうしよう

教室《きょうしつ》のすみで、きみの友《とも》だちが泣《な》いている。

だれもそばに行《い》こうとしないと、きみも「そっとしておいたほうがいいかも」と考《かんが》えてしまうと思《おも》う。

でも、みんながいるところで泣《な》いている友《とも》だちは、**だれかに声《こえ》をかけてほしい**と思《おも》っていることが多《おお》いんだ。

ちょっとだけ勇気《ゆうき》を出《だ》して友《とも》だちのそばに行《い》き、「だいじょうぶ？」と、声《こえ》をかけてみよう。肩《かた》や背中《せなか》に手《て》をそっとおいてみよう。

何《なに》も返事《へんじ》をしてくれなくて、ただ泣《な》いているだけだったとしても、それだけでオーケー。

友《とも》だちが何《なに》も返《かえ》してくれなくても、**きみの声《こえ》と気持《きも》ちは、ちゃんと伝《つた》わっている。**

友《とも》だちは、きみがそばにいてくれることになぐさめられているよ。

ネコのミミちゃん

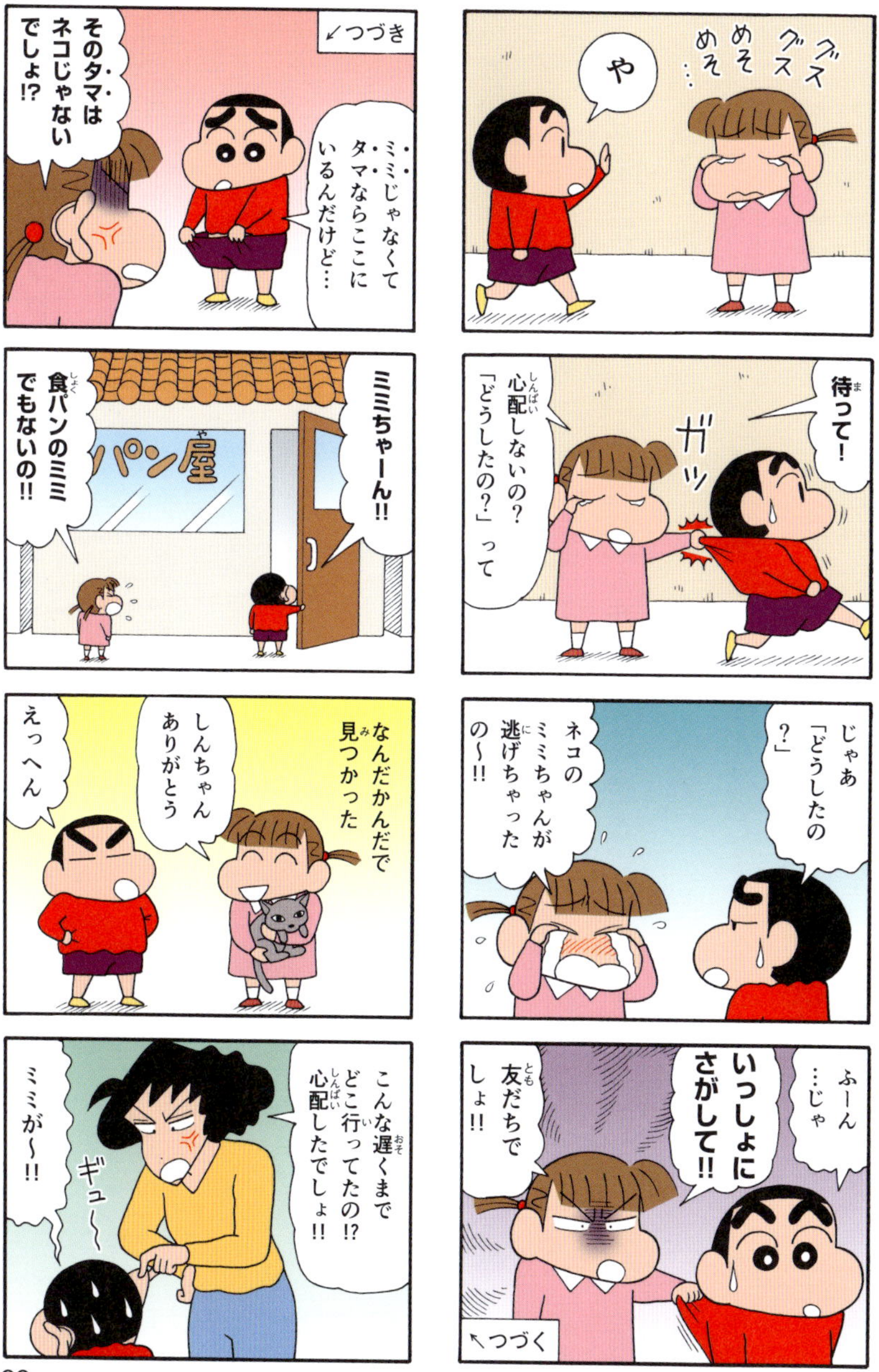

グスグス
めそめそ…
や
待《ま》って!
ガッ
心配《しんぱい》しないの?「どうしたの?」って
じゃあ「どうしたの?」
ネコのミミちゃんが逃《に》げちゃったの~!!
ふーん…じゃ
いっしょにさがして!!
友《とも》だちでしょ!!
↖つづく
↙つづき
ミミじゃなくてタマならここにいるんだけど…
そのタマはネコじゃないでしょ!?
ミミちゃーん!!
パン屋《や》
食《しょく》パンのミミでもないの!!
なんだかんだで見《み》つかった
しんちゃんありがとう
えっへん
こんな遅《おそ》くまでどこ行《い》ってたの!? 心配《しんぱい》したでしょ!!
ギュ~~
ミミが~!!

41 うまくできない友《とも》だちを応援《おうえん》しよう

みんなで大縄《おおなわ》を飛《と》んでいるとき、何《なん》度《ど》も失敗《しっぱい》して、なかなかうまくいかない友《とも》だちがいたら、どうする?

「何《なに》やってるんだよ」と責《せ》める子《こ》がいるかもしれない。そんなときには、黙《だま》って見《み》ていないで、落《お》ちこんでいる友《とも》だちのそばに行《い》き、「いっしょにがんばろう!」と声《こえ》をかけよう。

自分《じぶん》も友《とも》だちも、ひとつのことをがんばっているいっしょの仲間《なかま》なんだということを伝《つた》えよう。

そして、少《すこ》しでもうまくいったら、「いい感《かん》じ!」「よくなってる!」と励《はげ》まそう。

みんなで声《こえ》をかけあってがんばれば、どんな結果《けっか》になっても「楽《たの》しかった!」という思《おも》いが残《のこ》る。

それに、みんなが声《こえ》と力《ちから》を合《あ》わせ、ひとつになってがんばれば、たいていのことは、うまくいくんだ。

なわとび①

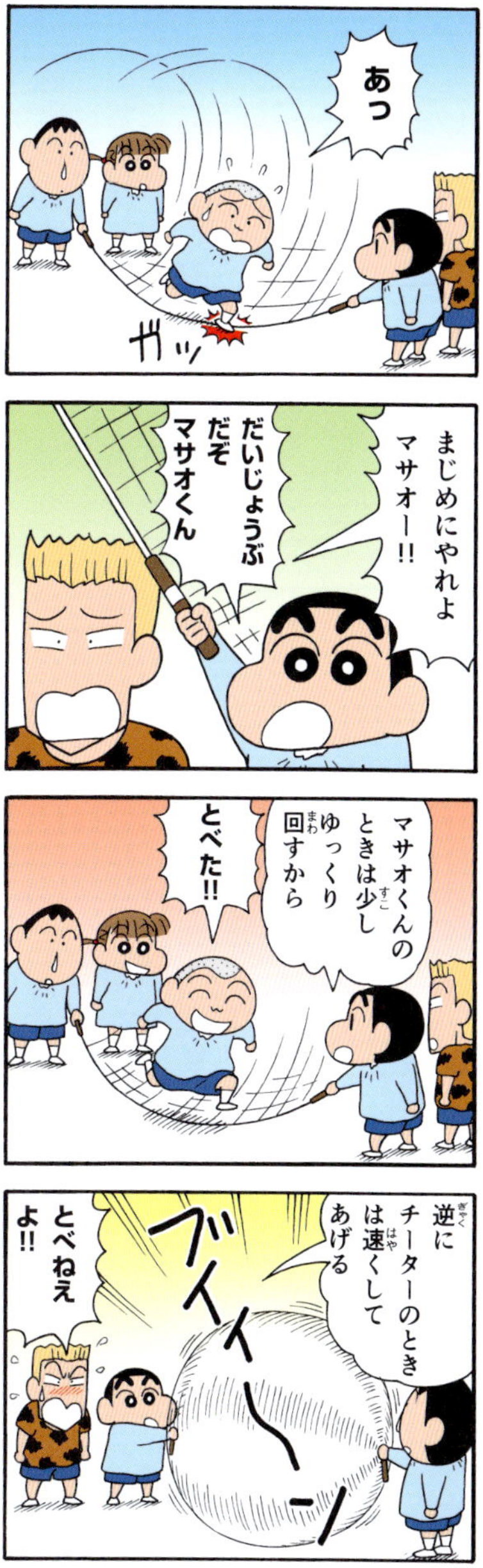

あっ
ガッ
まじめにやれよ マサオー!!
だいじょうぶだぞ マサオくん
マサオくんのときは少《すこ》し ゆっくり回《まわ》すから
とべた!!
逆《ぎゃく》に チーターのときは速《はや》くしてあげる
ブイィ〜〜ン
とべねえよ!!

なわとび②

いや〜ん とべない〜!!
したーん したーん
ネネちゃん がんばれ!! 絶対《ぜったい》とべるゾ!!
そうそう!!
ネネちゃん なわが当《あ》たっても たいして痛《いた》くないから だいじょうぶよ!
ちがうの なわじゃないの!!
ボーちゃんの ハナ水《みず》なの!!
はあ
!?

何《なに》をして遊《あそ》ぶかで意見《いけん》が対立《たいりつ》したら…

みんなで集《あつ》まって、さぁ遊《あそ》ぼう、となったのに、何《なに》で遊《あそ》ぶかで意見《いけん》が二《ふた》つに分《わ》かれてしまった。サッカー？　野球《やきゅう》？　そんなときにはどうしよう？

多数決《たすうけつ》もいいけど、まずは両方《りょうほう》の意《い》見《けん》を聞《き》いてみよう。

「昨日《きのう》はサッカーだから今日《きょう》は野球《やきゅう》」

「野球《やきゅう》ならグローブが足《た》りないよ」

もしかしたら、

「じゃあ、キックベースをやろう！」

というアイデアが出《で》るかもしれない。

双方《そうほう》の意見《いけん》を聞《き》くと、それぞれの問《もん》題点《だいてん》に気《き》づくことができるし、さらにいいアイデアが出《で》ることもある。

結論《けつろん》が出《で》ないときは、「決《き》まらないから多数決《たすうけつ》にする？」と、決《き》め方《かた》もみんなで話《はな》し合《あ》おう。

決定《けってい》したら、少《すこ》し不満《ふまん》が残《のこ》っても気《き》持《も》ちを切《き》りかえて、楽《たの》しく遊《あそ》ぼう！

すごい名案《めいあん》

サッカーやろう！
野球《やきゅう》がいいよ！
せっかくボールがあるのに！
こっちだってあるもん！
じゃ多数決《たすうけつ》だ！
サッカーがいい人《ひと》ーー！
ささっ
野球《やきゅう》がいい人《ひと》ーー！
ささっ
ネネちゃんどっちかにあげてよ!!決《き》まらないじゃん!!
↖つづく
↙つづき
「休日《きゅうじつ》にサッカーで遊《あそ》ぶ野球選手《やきゅうせんしゅ》とその妻《つま》」の設定《せってい》でリアルままごとがしたい！
おおっ!!
すごい名案《めいあん》出《で》た!!
そして…
明日《あした》はホームラン打《う》つゾ！
がんばってあなた!!
マサオくん！交代《こうたい》だゾーー!!
うん!!
オレもやっと一億円《いちおくえん》選手《せんしゅ》だぜ!!
…ってこの遊《あそ》びいつ野球《やきゅう》できるの？
まあまあ気《き》にしないで

リーダーシップをとっていたら「命令《めいれい》しないで」と言《い》われた

みんなをまとめようと張《は》り切《き》っていたのに、「命令《めいれい》するなよ」と周《まわ》りの友《とも》だちに言《い》われて困《こま》ってしまった。そんな経験《けいけん》はないかな。

リーダーになれることは、それだけですごいこと。だから自信《じしん》を持《も》っていいけど、リーダーとしてグループをまとめるために大事《だいじ》なことは、みんなを説得《せっとく》するすごい意見《いけん》を言《い》うことじゃないんだ。

リーダーの仕事《しごと》は、メンバー全員《ぜんいん》の意見《いけん》をていねいに聞《き》いて、意見《いけん》を整理《せいり》して、意見《いけん》を選《えら》びやすくすること。決《き》まった仕事《しごと》もみんなで話《はな》し合《あ》いながら分担《ぶんたん》しよう。

少《すこ》し不満《ふまん》が出《で》るのはしかたがないよ。公平《こうへい》に意見《いけん》を聞《き》いているのなら、きみは堂々《どうどう》としていよう。

きっと、きみのがんばりを見《み》ている人《ひと》もいるよ。

お別《わか》れ会《かい》の出《だ》し物《もの》

←つづく

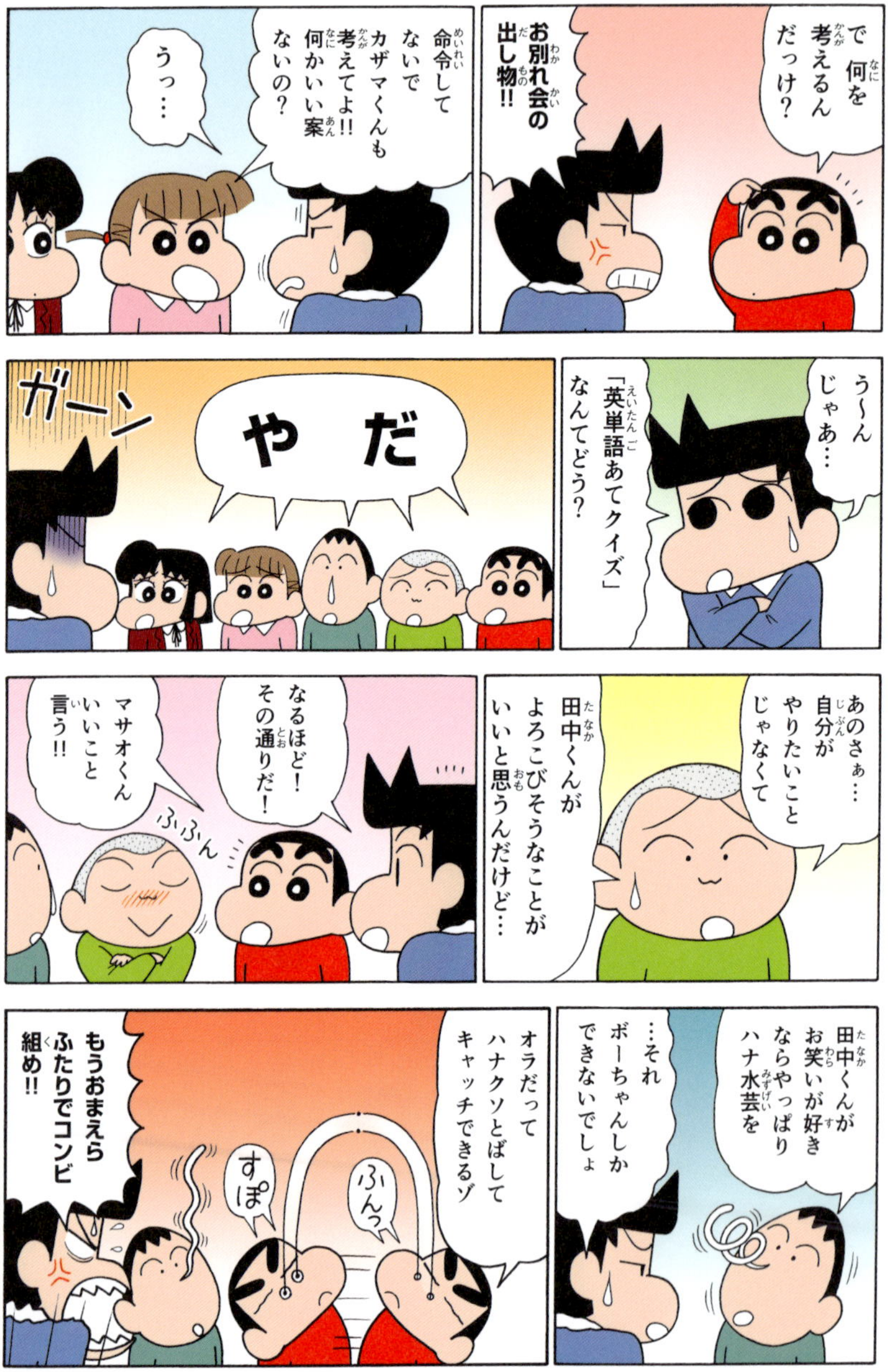

で 何《なに》を考《かんが》えるんだっけ？
お別《わか》れ会《かい》の出《だ》し物《もの》!!
命令《めいれい》してないでカザマくんも考《かんが》えてよ!! 何《なに》かいい案《あん》ないの？
うっ…
う〜んじゃあ…
「英単語《えいたんご》あてクイズ」なんてどう？
ガーン
や だ
あのさぁ… 自分《じぶん》がやりたいことじゃなくて
田中《たなか》くんがよろこびそうなことがいいと思《おも》うんだけど…
なるほど！その通《とお》りだ！
マサオくんいいこと言《い》う!!
ふふん
田中《たなか》くんがお笑《わら》いが好《す》きならやっぱりハナ水芸《みずげい》を
…それボーちゃんしかできないでしょ
オラだってハナクソとばしてキャッチできるゾ
ふんっ
すぽ
もうおまえらふたりでコンビ組《く》め!!

ちょっとここで話《はなし》を整理《せいり》するよ！
あいちゃんもネネちゃんもおおざっぱに言《い》っちゃえば「おしばい」ってことでしょ？
まぁそうね
ん〜まぁ乱暴《らんぼう》に言《い》えばね…
ボクもおしばいでいいよ！（あいちゃんといっしょだし）
田中《たなか》くんがよろこびそうな明《あか》るい物《もの》を
ハナ水芸人《みずげいにん》の役《やく》できるんならボクもおしばい
じゃオラもおしばいで
じゃあボクもおしばいでいいよ
これで全員《ぜんいん》一致《いっち》だね！
ワーーーッ
パチパチ
パチパチ
パチパチ
パチパチ
パチパチ
パチパチ
パチパチ
しかし…
オラ「ぶりぶりざえもんの冒険《ぼうけん》」がいい!!
美女《びじょ》と野獣《やじゅう》!!
おむすびころりん!!
桃太郎《ももたろう》！
白鳥《はくちょう》の湖《みずうみ》!!
田中《たなか》くんのこと考《かんが》えてー!!
それから三時間後《さんじかんご》にやっと「アナと雪《ゆき》の女王《じょおう》とエグザイル」という劇《げき》に決《き》まったのだった
グループをまとめるってたいへんだ…
まあまあ…カザマくんのおかげでオラたちまとまるんだゾ

44

クラスがえや引《ひ》っ越《こ》しで　友《とも》だちと　はなればなれになってしまったら

クラスがえや引《ひ》っ越《こ》しで、それまで仲《なか》よくしていた友《とも》だちとはなればなれになってしまったとき。

知《し》っている人《ひと》がだれもいなくて不安《ふあん》な気持《きも》ちでいっぱいになる。

でも、新《あたら》しい環境《かんきょう》は、**新《あたら》しい友《とも》だちをつくるチャンス**でもあるんだ。

不安《ふあん》なのは、自分《じぶん》だけじゃないよ。周《まわ》りの人《ひと》も、きみのことがわからなくて不安《ふあん》を感《かん》じているものなんだ。

下《した》を向《む》いていないで、だれかと目《め》が合《あ》ったら、**まず笑《え》顔《がお》**。周《まわ》りの人《ひと》に、自分《じぶん》から近《ちか》づいて**声《こえ》をかけてみよう**。

声《こえ》をかけてもらうと、だれだってうれしいもの。そのうちに、新《あたら》しいすてきな友《とも》だちができる。

いつかきっと、あのときクラスがえがあってよかったなぁ、って思《おも》える日《ひ》がくるよ。

友《とも》だちの始《はじ》まり

45 ひとりでいる子《こ》を誘《さそ》ってみよう

休《やす》み時間《じかん》にひとりでぽつんと座《すわ》っている子《こ》。

なんとなく気《き》になるなら、声《こえ》をかけてみよう。なるべく近《ちか》くに行《い》って、笑《え》顔《がお》で声《こえ》をかけよう。

ひとりで本《ほん》を読《よ》んでいたりしたら、「何《なに》してるの？」と聞《き》いてみる。

明《あか》るい声《こえ》で「みんなでいっしょに遊《あそ》ぼうよ」と誘《さそ》ってみよう。

ひとりでいるときにだれかに声《こえ》をかけられると、とってもうれしいものなんだ。

いやがっているようだったら、そのときはやめて、少《すこ》し時間《じかん》をおいて誘《さそ》ってみよう。

ひとりでいる子《こ》は、一度《いちど》誘《さそ》われても「いいのかな」と遠慮《えんりょ》していることもある。

一度《いちど》で終《お》わりにしないで、何度《なんど》か声《こえ》をかけてあげて。

どっちをやりたい？

ひとりでもいい

46

そうじをしない友《とも》だちに注意《ちゅうい》したい

そうじの時間《じかん》にそうじをせず、さぼって遊《あそ》んでいる友《とも》だちに注意《ちゅうい》をするのは、むずかしい。

「ちゃんとそうじしてください！」と注意《ちゅうい》をしても、「うるさいな」と反発《はんぱつ》されてしまう。

注意《ちゅうい》という形《かたち》でなく、こう言《い》ってみよう。

「そうじの時間《じかん》だよ」

今《いま》はそうじの時間《じかん》、というルールを声《こえ》に出《だ》して伝《つた》えてみよう。

「あっ、そうか」と少《すこ》しは気《き》にしてくれる。

「いっしょにやろうよ！」と声《こえ》をかければ、しぶしぶでもやってくれるかもしれない。

そうじをしない友《とも》だちには、注意《ちゅうい》をして怒《おこ》るより、**みんなでやろうよ**、という態度《たいど》で接《せっ》してみて。友《とも》だちもそうじをしやすくなるよ。

そうじの時間《じかん》

オラのかーちゃん
おベンピ〜♪
しんのすけ!! 何《なに》やってんだよ!!
ライブ
ふざけんなよ!! そうじしろよ!!
ふざけてないゾ!! 忘《わす》れてたんだもん!!
ふーんだ カザマくんなんか!!
コラー サボるなー!!
また別《べつ》の日《ひ》
オラのとーちゃん
みずむし〜
しんちゃん 今《いま》は何《なん》の時間《じかん》?
どじょうすくいの時間《じかん》
ブー!! 今《いま》はそうじの時間《じかん》よ!
おお!! こってり忘《わす》れてた!!
すっ・・・かり・・・でしょ!
こう言《い》えば素直《すなお》に聞《き》くのよ
フンッ

47

友《とも》だちに手伝《てつだ》ってもらいたい！

委員《いいん》になって仕事《しごと》がいっぱい。いつまでたっても終《お》わらない。

そういうときは、がまんしないで、友《とも》だちに助《たす》けを求《もと》めていこう。

黙《だま》ってがんばっていても、周《まわ》りの人《ひと》はきみのしんどい気持《きも》ちに気《き》づいていないものなんだ。

「手伝《てつだ》って」と言《い》うのは恥《は》ずかしいことじゃない。

「○○さん、お願《ねが》い！　手伝《てつだ》って！」

と、友《とも》だちにお願《ねが》いしよう。

いっしょに仕事《しごと》をして、早《はや》く終《お》わったら、きみは友《とも》だちへの感謝《かんしゃ》の気持《きも》ちでいっぱいになるはず。友《とも》だちの存在《そんざい》が、以前《いぜん》より大事《だいじ》になる。

それに、手伝《てつだ》った友《とも》だちも、きみの役《やく》に立《た》ててうれしいと思《おも》っているものなんだ。

助《たす》け合《あ》うことで、前《まえ》より、もっといい友《とも》だちになれるはずだよ！

紙《かみ》しばいの台本《だいほん》

これって「友《とも》だち」？

友《とも》だちってなんだろう？

とても仲《なか》のいい、いつも遊《あそ》ぶ「親《しん》友《ゆう》」。たまに遊《あそ》ぶ気《き》が合《あ》う友《とも》だち。顔《かお》や名前《なまえ》を知《し》っている友《とも》だち。友《とも》だちにはいろいろいる。

でも、自分《じぶん》が友《とも》だちだと思《おも》ったら、そのみんなを「友《とも》だち」と呼《よ》んでいいんだよ。

「親友《しんゆう》」と呼《よ》び合《あ》える友《とも》だちは、つくろうと思《おも》ってつくれるものじゃない。

だから、たまに遊《あそ》べる気《き》の合《あ》う子《こ》たちとたくさん友《とも》だちになろう。

顔《かお》を知《し》っている子《こ》が、いつか親友《しんゆう》になるかもしれないし、毎日《まいにち》遊《あそ》ぶことがなくなったら、親友《しんゆう》だったけど、たまに遊《あそ》ぶ友《とも》だちになってしまうかもしれない。

そのときそのときで、友《とも》だち関係《かんけい》はどんどん変《か》わっていくもの。

でも、みんな「友《とも》だち」なんだ！

ボクたちの関係《かんけい》

友《とも》だちじゃない

友《とも》だちのすてきなところをまねしよう

いつも元気《げんき》で走《はし》るのが速《はや》い友《とも》だち。まねして走《はし》っても速《はや》くなれないかもしれないけれど、いつも元気《げんき》なところはまねできる。

友《とも》だちのきれいな字《じ》がいいな、と思《おも》ったら、自分《じぶん》も少《すこ》しがんばって、ていねいな字《じ》で書《か》いてみよう。

友《とも》だちの「いいな」と思《おも》うところ、すてきなところいろいろあるよね。どんなふうにやっているのか、よく見《み》て、まねしてみよう。

友《とも》だちは、きみにいろんなことを教《おし》えてくれる。きみの先生《せんせい》みたいな存在《そんざい》でもあるんだ。

教室《きょうしつ》を見《み》わたしてみよう。周《まわ》りにいる仲間《なかま》たち、どんな子《こ》でも、「まねしたいな」というすてきなところを持《も》っているよ。

たくさんのまねしたい友《とも》だちを見《み》つけよう。

カザマくんのつめのアカ

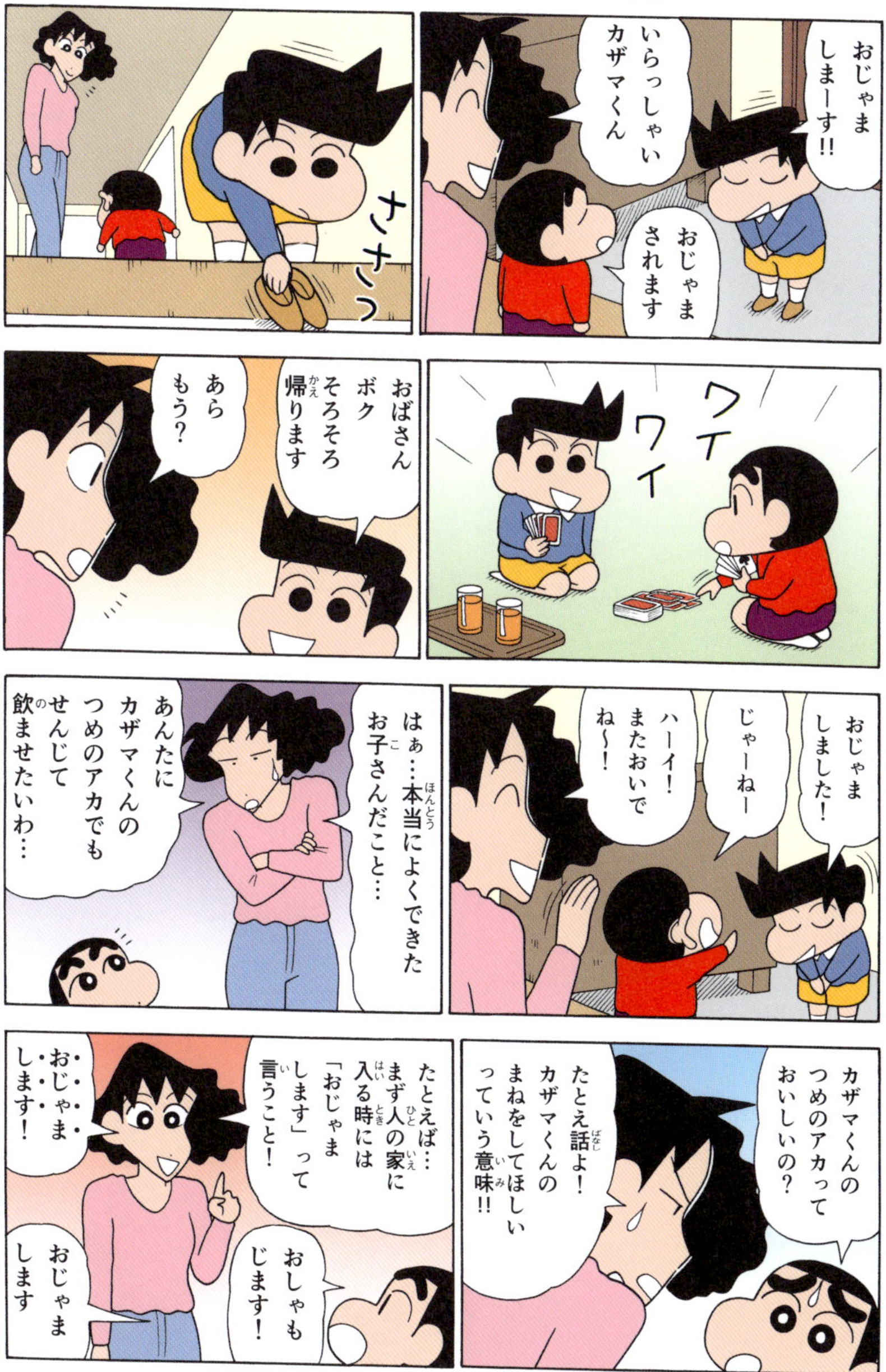

←つづく

そしてぬいだくつは向《む》きを変《か》えてかかとをそろえる!
ほうほう
ママと約束《やくそく》した時間《じかん》になったら自分《じぶん》から帰《かえ》る!
ほうほう
玄関《げんかん》から出《で》るときは「おじゃましました」!
おじゃましました!
そうそう
ね! こうすればよい子《こ》だと思《おも》われておやつがもらえるかもよ
なぁんだかんたんかんたん!!
心配《しんぱい》ね…
数日後《すうじつご》
よ
やあ! あがれよ!
おしゃもじまーす!!
おしゃもじ?
おしゃもじがどうかした?
こっちのセリフだよ!
まあいいや…
おおっそうだ! くつを…
え〜と向《む》きを変《か》えかかとをそろえる…

しんのすけ テニスやろー!
ドタ
ドタ
やろやろ～!!
えいっ
パコーン
ポコーン
とりゃっ!!
ボコ
ん? 何《なん》だこれ 「アンデスの少女《しょうじょ》ホイジ」のなりきりコスチューム?
おい勝手《かって》に開《あ》けんな!!
あたし ホイジよ ウフ♡
カザマくんにこんな趣味《しゅみ》があったとは…
ちがう!! たまたま当《あ》たったんだ!!
ふたりとも おやつよ～
カチャ
あら しんちゃん かわいいかっこうね 持《も》ってきたの?
ちがうゾ おばさん コレ カザマくんの
バカ!! ママにはないしょにしてたのに!!
えっ そうなの!? トオルちゃん
ちっ…ちがうよママ!! おまえもう帰《かえ》れ!!
オラまだ帰《かえ》る時間《じかん》じゃないのに…
母《かあ》ちゃんのうそつき!! カザマくんのマネしたのに・・・オツヤもらえなかった!!
どうせまたよけいなことしたんでしょ
プク～

50

友《とも》だちの成功《せいこう》「よかったね！」と言《い》えるかな

運動会《うんどうかい》のレースで、友《とも》だちが勝《か》ったとき。

いっしょに出《だ》した展覧会《てんらんかい》で、友《とも》だちが入選《にゅうせん》したとき。

くやしくて、知《し》らんぷりしたい気持《きも》ちになるけど、思《おも》い切《き》って「よかったね！　すごいね」と友《とも》だちに声《こえ》をかけよう。

少《すこ》し無理《むり》をしても、「よかったね」と、言葉《ことば》をかけてあげるほうが、自分《じぶん》も気持《きも》ちがはればれする。

結果《けっか》はどうあれ、がんばったことはきみも友《とも》だちも同《おな》じ。

心《こころ》の中《なか》で、「自分《じぶん》もよくやった」と、自分《じぶん》のがんばりも認《みと》めよう。

人《ひと》とくらべず、自分《じぶん》が精《せい》いっぱいがんばることを目標《もくひょう》にできれば、友《とも》だちが勝《か》っても友《とも》だちをたたえてあげられる。自分《じぶん》が勝《か》っても思《おも》い上《あ》がることもないはずだよ。

主役《しゅやく》

ガーン
学芸会《がくげいかい》の主役《しゅやく》はネネちゃんに決《き》まりました!!
パチ パチ
パチ パチ
パチ パチ
そんな…
毎週《まいしゅう》1回歌《かいうた》と踊《おど》りのレッスンを受《う》けているあいがこんな素人《しろうと》に負《ま》けるなんて…
でも冷静《れいせい》に冷静《れいせい》に……
ネネちゃんおめでとう!
!?
何《なに》よかっこつけて!!くやしいならそう言《い》いなさいよ!!
ふーんだ!!この程度《ていど》でくやしがるもんですか
素直《すなお》じゃないなぁふたりとも…

すもう

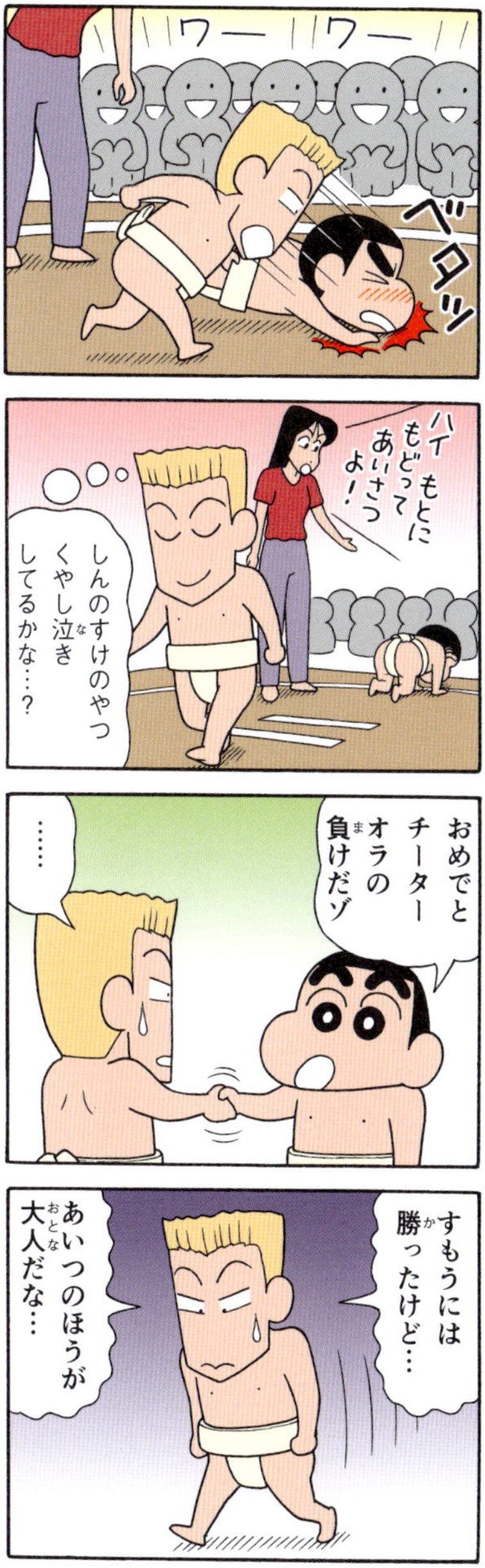
ワー ワー
ベタッ
ハイ もとにもどってあいさつよ!
しんのすけのやつくやし泣《な》きしてるかな…?
おめでとチーターオラの負《ま》けだゾ
……
すもうには勝《か》ったけど…
あいつのほうが大人《おとな》だな…

51 友《とも》だちにきみの夢《ゆめ》を話《はな》してみよう

自分《じぶん》のやってみたいこと、本当《ほんとう》に好《す》きなことは、笑《わら》われそうで、家族《かぞく》にもなかなか言《い》えなかったりする。

でも、友《とも》だちになら、言《い》えるかも。

アイドルのオーディションを受《う》けたい。オリンピックに出《で》たい。漫画家《まんがか》になりたい。そんなきみの夢《ゆめ》、友《とも》だちに話《はな》してみたらどうかな？

びっくりされるかもしれないけど、友《とも》だちなら、

「へえ、やってみれば！」

「ぜったいできるよ！」

と、応援《おうえん》してくれることがけっこうあるんだ。

自分《じぶん》の夢《ゆめ》を話《はな》したことで、きみのがんばる気持《きも》ちももっと強《つよ》くなるかもしれない。

友《とも》だちも自分《じぶん》の夢《ゆめ》を話《はな》してくれて、ふたりで夢《ゆめ》を実現《じつげん》するためにがんばれたら、すてきだよね。

ネネちゃんの夢《ゆめ》

カザマくんの夢《ゆめ》

友《とも》だちに「ありがとう」と伝《つた》えよう

泣《な》いていたとき、そばにいてくれた。いいところをほめてくれた。友《とも》だちにしてもらってうれしかったこと、いろいろあるよね。

うれしかったことを、大事《だいじ》にキープして覚《おぼ》えておこう。

友《とも》だちへの「ありがとう」の気持《きも》ちが、つらいときのきみを支《ささ》えてくれる。

そして、友《とも》だちに「あのときありがとう」と、感謝《かんしゃ》を伝《つた》えよう。

そしていつか、自分《じぶん》が友《とも》だちにしてもらってうれしかったことを、きみも周《まわ》りの友《とも》だちにしてあげよう。

「あのときありがとう」という気持《きも》ちを大事《だいじ》にできれば、友《とも》だち関係《かんけい》はずっとうまく続《つづ》いていくよ。

たとえ、はなればなれになったとしても、「ありがとう！」の気持《きも》ちを忘《わす》れずに持《も》っていれば、ふたりはいつまでも友《とも》だちでいられるんだ。

損《そん》した気分《きぶん》

ボクの親友《しんゆう》

キャラクター原作　臼井儀人《うすいよしと》

まんが　高田ミレイ
文　戸塚美奈
構成　有木舎
デザイン　曽小川則子
栗原優子
編集　勝又眞由美
二之宮隆（双葉社）

先生《せんせい》は教《おし》えてくれない！
クレヨンしんちゃんの友《とも》だちづきあいに大切《たいせつ》なこと

2017年3月12日　第1刷発行
2025年6月9日　第32刷発行

発行者――島野浩二

発行所――株式会社双葉社

〒162−8540　東京都新宿区東五軒町3-28
電話03(5261)4818〔営業〕
03(5261)4869〔編集〕
http://www.futabasha.co.jp/
(双葉社の書籍・コミック・ムックが買えます)

印刷所――三晃印刷株式会社

製本所――株式会社若林製本工場

ISBN978-4-575-31229-4 C8076